遊び心に投資する

グランピングオーナー生活

デュラクスジャパン株式会社 代表取締役 前田雄一

GLAMPING OWNER LIFE

GB

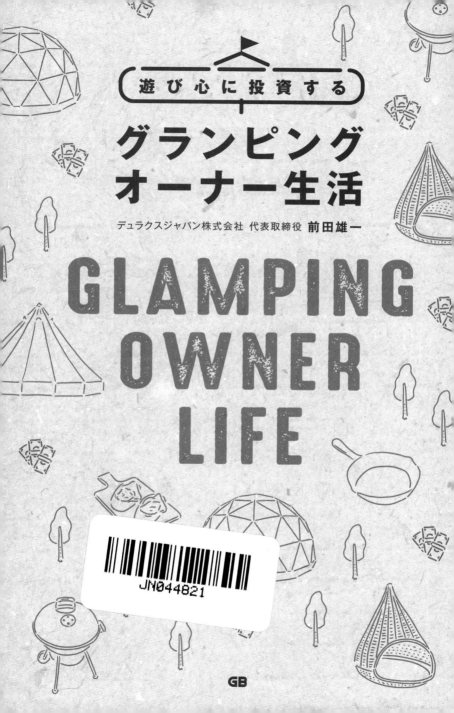

Glamping Introduction

自分だけのアナザーパラダイスは
あなた自身の手で作ることができる

私のモットーは〝遊ぶように働き、働くように遊ぶ〟です。

空いた時間があれば、プロデュースしたグランピング施設にふらりと遊びに出かることもあります。

妻や子どもはもちろんのこと、仕事仲間や取引先と一緒に足を運ぶこともしばしばあります。

朝はグランピング施設にあるサウナでひと汗かき、地元の採れたて野菜をふんだんに使った朝食を楽しみます。子どもの頃から釣りが大好きなので、腹ごしらえを済ませたら、午前中からタコやハマチ、ブリを釣りに海まで車を走らせます。ときには、山でハイキングをして、山頂のおいしい空気を吸いに行くこともあります。思いっきり遊んだ後は、ジャグジーにゆっくりと浸かり、身体にたまった疲れを癒します。

夕方からは、みんなでバーベキューを楽しむのが定番です。キャンプファイヤーの火を囲んで、たわいもない昔話やこれからの未来について、夜が更けるまで話します。

都会では見られないほどの満天の星が輝く夜空。
さえぎる人工物がない鬱蒼とした森林。
あたりに響くのは、虫の鳴き声と樹々をゆらす風の音だけ。

家族や仲間たちとこんな1日を過ごせた日は、知らず知らずのうちにメキメキと元気が湧いてきます。明日も一生懸命、頑張ろう。自分が日本一のグランピングブランドを作るんだ——そんなふうに自分の心が、細胞が、奮い立つ感覚を覚えます。

私は今、京都でグランピング施設の企画・運営などを手がける会社、デュラクスジャパンの代表取締役を務めています。デュラクスでは、アウトドアリゾート・グランピングに欠かせない宿泊施設（ドームテントなど）、ウッドデッキ、テーブル、ファイヤーピット（焚き火台）、家具などを企画・製造・販売しています。それと同時に、グランピングビジネスを成功させるための運営サポートやスタッフ教育なども一気通貫で行っています。私のなかにある根本的な部分は、子どもの頃から、大きく変わっていません。あの頃と同じように、心からドキドキワクワクできることを追い求め、ビジネスと遊びの境目のない日々を過ごしています。人々を、世界を、ドキドキワクワクさせる。これが、私が生きるうえでの目的であり〝使命〟なんだと思っています。

仕事と遊びの垣根のないライフスタイルに変化したのは、グランピング施設の企画・運営をスタートした2017年くらいからです。グランピングとの出会いがあったからこそ、仕事と遊びの充実度や満足度が大幅に上がりました。私にとって、グランピングは、一生をかけて追求し続けたい生業の一つだといえます。

「グランピング」と出会ったきっかけは、仕事のついでに、日本には棲息していない怪魚・ゴールデンバラマンディを釣りに、スリランカへ降り立ったことでした。

ゴールデンバラマンディが棲息する秘境近くにあるアウトドアリゾートに宿泊したのですが、その体験で、私の人生は一変しました。

本書は、コロナ禍以降、爆発的な人気を博しているグランピングを所有して、自分や家族、仲間たちで利用したり、宿泊施設として貸し出すことで、収益を得る方法を解説した本です。

言い換えれば「遊ぶように仕事をし、仕事をするように遊ぶ生き方を手に入れる本」といってもよいかもしれません。私たちのグランピングであれば、インフラ設備のない無人島や誰も知らない秘境にも、グランピング施設を作ることができます。そして、仕事と遊びの垣根のない毎日を手に入れることができます。**誰にも教えたくない〝秘密基地〟や、自分だけのアナザーパラダイスは、あなた自身の手で作ることができるのです。**

本書では、「グランピングビジネス（＝グランピング施設の運営）」の始め方を解説するとともに「なぜ今、グランピングビジネスなのか？（＝グランピングビジネスのメリット）」や「グランピングビジネスの注意点」についても解説しています。「自分にはグランピングビジネスが向いているのか？」「グランピングビジネスを始めるべきか？」の判断材料になる1冊となりましたら嬉しいです。

グランピングビジネスのメリット11

1. コロナ禍以降の「アウトドアブーム」でグランピングが人気

アウトドアブームと、三密を回避できる宿泊施設へのニーズから、

グランピング施設は、人気を博している（宿泊施設の稼働率が落ちているなか、グランピングだけは影響を受けていない）。

2. 三密を回避したい「ホテル利用客」もターゲット

グランピング施設は、ホテルと同様、女性がハイヒールで遊びに行ける。キャンプに苦手意識がある「女性客」や「ホテル利用客」もターゲットになるため、ターゲットのパイが大きい。コロナ禍と相まって「今後の伸びしろが大きい事業分野」である（国内旅行の市場規模は17兆円。ここにアプローチできるアウトドアレジャーである）。

3. 「収益化」が早い

ドームテント1棟から小さく始められる（最低2000万円程度からスタート可能）。貸し出す場合、1棟の場合の想定利回りは13・6％、5棟の場合の想定利回りは18・2％（年間平均稼働率40～45％による概算。インフラ条件その他によって異なる場合がある）。

4. グランピング施設の経営は儲かる

5棟のグランピングを経営した場合の年間売上は約5500万円（概算。事業状況によって異なる）。

5. 一人ひとりに合った「ビジネスモデル」で楽しく始められる

アミューズメント施設の経営者向け、レストランオーナー向け、ビジネスパーソン向け、旅館経営者向け、プロ並みの趣味をもつ方々向けなど、オーナーのバックグラウンドに応じて最適な「ビジネスモデル」を選択できる。

6. グランピング施設は「ワーケーションオフィス」としても使える

社員や経営者のための「リモートワーク拠点」「ワーケーション（合宿施設）」「福利厚生施設」としても使える。

7. グランピングは「サステナブルな事業」である

竹でお湯を沸かせる「竹ボイラー」や、食料残渣《ざんさ》を肥料に変えられるコンポストなど、サステナビリティな事業である。CSR経営との親和性も高い。

8. スタッフを採用しやすい

「地方創生」が根底にあるため「地元への貢献」に興味がある方々が事業にジョインしてくださるケースが多い。

9. グランピング施設は「とっておきの隠れ家」になる

自分だけの「特別な隠れ家」としても使える。施設にこもって読書

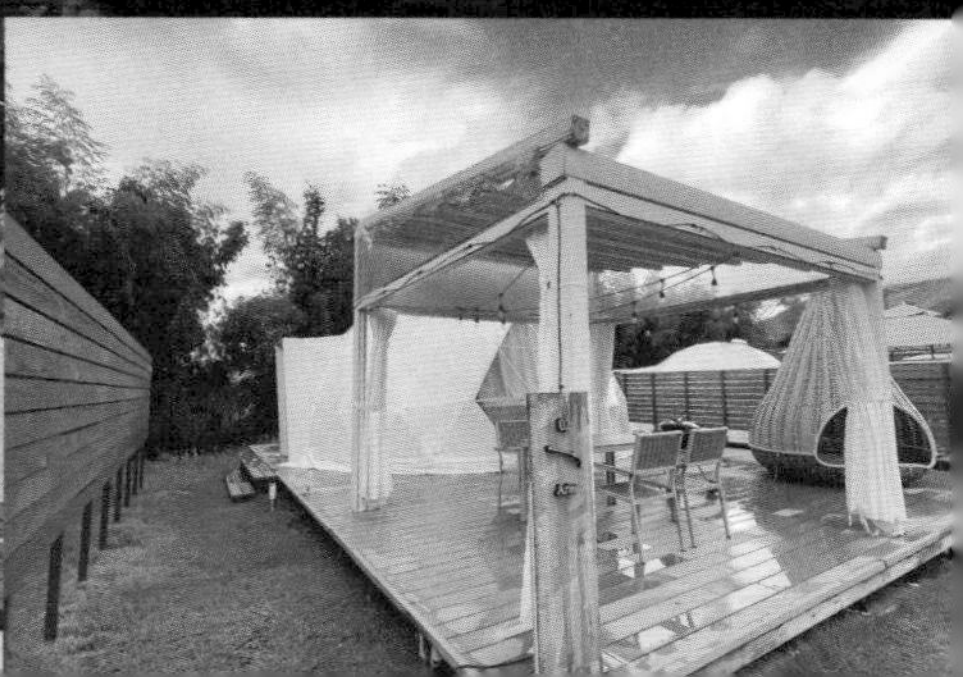

を楽しんだり、集中して仕事に励んだり、釣りや山登りなどのアウトドアレジャーを楽しむ拠点にしたりと、使い方は無限大。使わないときは、ほかの人に貸し出すことで、初期費用回収の足しにできる。運営は、デュラクスに委託可能。

10. ビジネスの喜び（＝奉仕の楽しさ）を肌で感じられる

お客様から「ありがとう」や「楽しかったよ」などの〝感謝の言葉〟をダイレクトに受け取れる。「このビジネスをやっていてよかった」と、心から思える瞬間が多い。ビジネスとして「幸福度」や「満足度」が高い。

11. オーナー自身が、心から「嬉しい・ワクワクする・楽しい」

家族や友だち、社員に喜んでもらえる。満天の星の下、ファイヤーピットを囲みながら「楽しかったあの日の思い出」や「これからの未来」を語らうのは、心が高揚する瞬間の一つ。

一言でまとめれば、**収益性が高いだけでなく、オーナー自身が「心の底からワクワクできる」のが、グランピングビジネス**です。

私は、グランピング施設の経営を始めてから、仕事に対する幸福度や満足度が大幅に向上しました。それはやはり、グランピング施設が、お

客様の「大切な思い出を刻む場所」「心が豊かになれる場所」として機能していることが大きいように思います。お客様から「ありがとう。また来るね」という言葉をいただけるのも、グランピング経営だから味わえるかけがえのない価値だと感じています。

グランピング施設の経営は「とにかく最短・最速で儲かる仕事ができればいい」という方には、それほど魅力的なビジネスではないかもしれません。効率的に儲かることだけを考えれば、好立地に駐車場を作るコインパーキング経営や、今流行りの仮想通貨投資などがあるからです。

「多くの人に幸せを届けられるようなビジネスがしたい」

「オーナー自身が心から楽しめて満足できるビジネスがしたい」

「目の前の人に感動を届けたい」
「儲かるだけじゃつまらない。クリエイティブな事業がいい」

グランピングビジネスは、このように考えているような方にこそ、おすすめしたいと思っています。ビジネスを通じて、感動やワクワク体験を味わいたいと考えている方は、本書を読み進めてみてください。本書との出会いが、あなたの人生を実り多きものに変えるきっかけになりましたら、これ以上の喜びはありません。

前田雄一

遊び心に投資する

グランピングオーナー生活

CONTENTS

Chapter 2

Chapter 3

GLAMPING Chapter 1

LET'S GET OUTDOORS!
GLAMPING

アウトドアフルネスで「人生の幸福度」は200％になる！

GLAMPING

『Chapter 1-1』

日本初のグランピングを作る！人生を変えたスリランカの〝秘境リゾート〟

大人になった釣りボーイ、「怪魚」の響きに興奮するの巻

子どもの頃に出会った〝秘密基地〟のようにドキドキワクワクする場所、それが私にとってのグランピングです。

私の生まれ故郷は滋賀県長浜市。山、川、田んぼ、そして日本最大の湖である琵琶湖に面している自然ゆたかな場所です。

小学生の頃、熱中していたのは虫捕りと釣り。カブトムシやクワガタ、トンボ、チョウなどを夢中で追いかけたり、フナやハゼなどの水棲生物を釣って遊ぶのが好きでした。

学校の先生や家族すら知らない、私と友だちだけが知っている〝秘密基地〟を作ったこともありました。そこにどっさりと漫画本を持ち込んで、みんなで回し読みしたものです。**とにかく夢中で畦道を駆け回り、遊びに没頭する毎日だった**ことを覚えています。

そんな私がグランピングと出会ったのは、釣りをしにスリランカへ行ったときのことです。

私は、グランピング事業だけでなく「展示会の出展プロデュース」も行っています。展示会の出展プロデュースとは、ビッグサイトなどの大規模会場で開催される展示会に出展する企業様向けに、ブースの企画・デザイン・設営を行うものです。そんなな

かで10年ほど前にタイで開催された展示会の出展プロデュースを行ったときのこと。展示会が終了するまでの空き時間を埋める充実したレクリエーションはないかと考えた私は、日本に棲息していない怪魚ジャイアントスネークヘッドがいることを知りました。そして秘境でその魚を釣ることになるのですが、以来、私は「世界中の怪魚を釣る」という目標を立てて毎年2度、世界中の怪魚を釣りに出かけています。

スリランカでの目的も、もちろん怪魚釣りでした。2017年のことです。

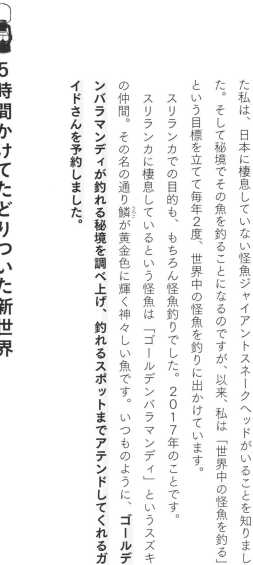

スリランカに棲息しているという怪魚は「ゴールデンバラマンディ」というスズキの仲間。その名の通り鱗《うろこ》が黄金色に輝く神々しい魚です。いつものように、**ゴールデンバラマンディが釣れる秘境を調べ上げ、釣れるスポットまでアテンドしてくれるガイドさんを予約しました。**

5時間かけてたどりついた新世界

ガイドさんは、浅黒い肌とギョロリとした目が印象的な人で、英語はほとんど話せませんでした。私自身、彼と何を話したらいいのかわからなかったので、必要なやり取り以外は会話を交わしませんでした。ひたすら秘境を目指して、ハイエースに揺られていたのです。ガイドさんと私と運転手だけが乗る3人の車内は、とても静か。なんともいえない気まずい空気が流れていました。

走り続けること1時間、2時間、3時間…。夕日もとっくに沈み、あたりは、街灯一つない漆黒の暗闇に包まれていました。最初は舗装された車道を走っていましたが、私たちを乗せたハイエースは、いつの間にか獣道を突き進んでいました。

道なき道を進むハイエースに揺られながら、ふと、リュックサックにしまいこんだ財布の20万円のことが、脳裏に浮かびました。

私たちは、目的地に向かっているのだろうか…。もしかしたら、僕がもっている大金が目当てじゃないだろうな。

頭のなかは、ゴールデンバラマンディを釣り上げることよりも、ガイドさんや運転手さんへの猜疑心と恐怖心でいっぱいになっていました。額から頬にかけて、ゆっくりと冷たい汗がつたうのを感じました。

出発から5時間ほど経った頃でしょうか。大きな湖のような場所で、突如ハイエースが停車しました。ガイドさんから「外へ出ろ」と言われ、「人生ここで終わりかも…」などと考えながら、その場で数分待ちました。ほどなくして、湖の対岸からいかだがやってきました。やおら、ガイドさんはいかだに、車をくりつけると、こう言いました。

「車に乗れ」

ガイドさんが「イケてるやろ?」と言わんばかりに微笑んでいるように見えて、少し安心したのを覚えています。こうして僕たちは、いかだに載せられたハイエースに乗って向こう岸まで行き、再び目的地を目指すことになりました。

忘れえぬ、アウトドアリゾートの感動

5分ほど経った頃でしょうか。ガイドさんから「着いたよ」と声をかけられました。車から降りると、目の前には建物の門。中に入り、両側からライトで照らされている石畳を歩いていきます。建物に一歩足を踏み入れると――そこは眩いばかりのリゾート地でした。

高級感あふれるエキゾチックなインテリアで統一された内装は、センスと気品にあふれています。外の景色をたっぷりと取り込めるよう、大きな窓が配置されており、開放感も抜群でした。

ガイドさんは私を客室に案内すると「ゆっくりとお休みください」と笑顔で声をかけてくれました。シャワーで汗を流した後、ふかふかのキングサイズベッドで眠りにつきました。ガイドさんや運転手さんを疑った自分のことが、心底恥ずかしくなったものです。

あくる朝、タキシードを着たバトラーが部屋を、コンコンと静かにノックしました。「朝食の用意ができましたよ」という声。**ふと外を見ると、翡翠色をした、透き通るような湖畔が広がっていました。昨晩は暗闇でよく見えなかったけれど、こんなにきれいな場所で一夜を明かしたんだ。そう、素直に感動しました。バトラーは、サンドイッチをもって、煌々と照る朝焼けが見渡せる場所まで案内してくれました。**

鳥たちのさえずり、樹々の間を風が吹き抜ける音、日本では聴いたことのないような虫たちの声——樹々がひしめき合う密林は、アンリ・ルソーの描いたジャングルのようでした。私は言葉を失い、ただ、そこに呆然と立ち尽くしていました。

朝食後、ゴールデンバラマンディ釣りにチャレンジしましたが、釣果はありませんでした。しかし、それは私にとって、どうでもよいことでした。日本に帰ってからも、頭から離れなかったのは、スリランカで宿泊したアウトドアリゾートのことだったのです…。

だから、僕はグランピングブランドを立ち上げた

海外には、魔法のリゾート地がある。日本にも、こんなリゾートがあったら——そんなことばかりが頭のなかを埋めつくしました。一言でいうならば、私は、アウトドアリゾートに〝恋〟をしたのです。

しばらく経ってから、テレビでグランピングに関するニュースを見ました。〝宿泊客が大自然を独り占めできるレジャー施設〟といった表現だったと記憶しています。そのとき、私がスリランカで宿泊したアウトドアリゾートは、グランピングに類するものなのかもしれないと思いました。

もう一度、あのアウトドアリゾートのようなところに泊まってみたい。あの感動を、多くの日本人にも味わってもらいたい。

そんな想いが日に日に募り、日本で人気のグランピング施設に足を運んでみました。しかし、そこは、私がスリランカで体験したアウトドアリゾートとは似て非なるものでした。なんで、こんなにかっこ悪いんだ？

「こんなん違うやん！　自分ならきっと変えられる。やろう！」

この決意がきっかけとなって誕生したのが、グランピングブランド「デュラクス」だったのです。

ちなみに「デュラクス（deluxs.）」とは、理念である「感動価値創造（delight）」と「ラグジュアリー（luxury）」を掛け合わせた造語です。

LET'S GET OUTDOORS! GLAMPING

Chapter 1-2

日本にはアウトドアリゾートとはかけ離れた〝トンデモグランピング〟が乱立している

9割の日本人が勘違いしているグランピング

グランピングとは「魅惑的な」を意味する「グラマラス（glamorous）」と「キャンピング（camping）」を掛け合わせた造語です。ごく一般的には「ちょっと豪華な手ぶらキャンプ」などと形容されることが多い言葉です。

グランピングは、コロナ禍で「外出自粛」が要請された2020年に、三密を避けながら息抜きできる「オープンエアな宿泊施設」として、キャンプなどのアウトドアレジャー施設とともに、その魅力や価値が再認識されました。

コロナ禍に巻き起こった〝空前のアウトドアブーム〟により、グランピングという言葉は「今年の新語２０２０」のベスト10にランクインしたほどです。旅行メディアを運営するトラベルズー・ジャパンの調査（２０２１年）によると、グランピングの認知度は「81・６％」。数字だけをみれば、一般的な知名度を獲得しつつあるといえそうです。

こうしたなかで**「顧客単価はキャンプの10倍」「キャンプと違って、ホテル利用客もターゲットになる」「発信力のあるZ世代にもバズっている」「家族や友だちに自慢できるかっこいいビジネスだ」**といった理由から、グランピング経営に乗り出す事業者が、にわかに増えています。

しかし、日本に「グランピング」が登場したのは２０１５年頃です。とても新しい宿泊施設であることから、実際には、グランピングがどういうものなのか、よくわからない人が多いのが実情です。

私自身、友人に「グランピングって何だか知っている？」と尋ねてみたことがあります。そうすると「ちょっとお高いキャンプ」といった認識にとどまっていることが多く「それ以上のことは、わからない」と返されることがほとんどでした。

日本のグランピングを語るうえでは、この「なんだかよくわからない」という感覚が、見逃せない重要なポイントです。というのも、**グランピングがどういうものなのかよくわからないまま「グランピング経営は儲かる」という理由だけで、事業に乗り出す事業者がとても多い**からです。

「あくまで〝キャンプ〟なんだから、手ぶらキャンプの延長でいい。虫の駆除やシーツの取り換えは、お客さんにやってもらえばいいじゃないか」

「〝キャンプの一種〟なんだから、ホテル並みの接客は不要だ。寝袋じゃなくてベッドを置くだけで、じゅうぶん、お客さんは満足するだろう」

このような勘違いによって、本来のグランピングとはほど遠い「トンデモグランピング」が乱立しているのが、日本の現状なのです。それにもかかわらず、宿泊料は1泊3万も4万もかかる施設が後を絶ちませんから、嘆かわしいものです。

いわずもがな、このような勘違いグランピングで、お客様が満足できるはずがありません。グランピングから遠ざかる人を増やすばかりです。

今は「グランピング」そのものが脚光を浴びているので、それでも大きな収益を上げられるかもしれません。しかし、5年後は？　10年後は？　と考えた場合はどうでしょうか。このような施設は、間違いなく淘汰されてしまうはずです。本書の読者の皆さんには「これからの時代、本当に必要とされるグランピング」について、知っていただきたいと思っています。

"極上の感動体験"が味わえるサードプレイスを目指して

それでは、本来のグランピングとは一体どういうものなのでしょうか。

グランピングという言葉の定義が曖昧ななかで、グランピングの定義をお伝えするのは、正直なところ、勇気がいることです。しかし、私は敢えて「グランピングとは一体どういうものなのか」「これから、どういうグランピングを目指していくべきか」について、本書でお伝えしたいと考えています。

グランピングは「ちょっと豪華な手ぶらキャンプ」などではありません。サービススタッフによる高級ホテルクラスのホスピタリティ、腕利きのシェフの技が光る贅を尽くした美食、そしてホテルでも決して味わうことができない「極上の感動体験」を提供する施設、それがグランピングなのです。

私は、スリランカの奥地にある一流アウトドアリゾートでの宿泊体験を元に、グランピングブランド「デュラクス」を２０１７年７月に立ち上げました。

ホテル以上の感動体験を提供する「唯一無二の高級アウトドアリゾート」。それが、これからの時代に求められるグランピング施設であり、グランピング施設の理想形だと、私は考えています。

今でも、私たちの施設を「グランピング」と表現するのは、少なからず違和感を覚えます。「手ぶらキャンプ」ではなく「高級アウトドアリゾート」と表現できるようなものが、私たちの目指すグランピングだからです。

人々を、世界を、ドキドキワクワクさせる！

京都府京丹後市にあるグランピング施設「デュラクス アウトドアリゾート京丹後久美浜ＬＡＢＯ」がプレオープンした際に、妻と娘を招待しました。一緒に暮らしている家族といえども、オープンしたばかりのグランピング施設に連れていくのは、少しばかり勇気がいることでした。なぜならば、高校3年生の娘とは、めっきり会話を交わしていなかったからです。私がグランピング事業を行っていることも、恐らく知らなかったでしょう。年頃の子どもは、親とのコミュニケーションを気恥ずかしく感じるものです。私自身もそうでした。

でも、心のどこかで、きっと驚いてくれるだろうとも思っていました。誰もがワクワク・ドキドキするような施設ができた! と手ごたえを感じていたからです。

娘の反応は、私の想像を超えるものでした。入り口でお出迎えする15mに達する等身大のティラノサウルスを見た瞬間、「何あれ!? めっちゃ大きいやん!」という第一声が聞こえてきたのです。グランピング施設内を自由に走り回れる電気自動車に乗っているときは「キャー!」という歓声が。近未来感のあるドームテントやファイヤーピットでは、パシャパシャと写真撮影を楽しんでいる娘の姿がありました。

普段は寡黙な娘が、まるでディズニーランドやユニバーサルスタジオジャパンに来たときのように、心から楽しんでくれたのです。私はそのことが、涙が出そうなほど、嬉しくてたまりませんでした。子どもみたいにはしゃぐ娘の姿を見て、幼かった頃の娘と、初めて一緒に遊園地に行ったときのことを思い出しました。

グランピング事業を始めて本当によかった。デュラクスのグランピングは、きっと日本中の人々に驚きと感動を与えられる場所になる。絶対になる。心の底からそう思えた瞬間でした。

「驚きと感動」こそがグランピングの醍醐味

私は誰かを感動させたり、驚かせたりすることが好きな人間です。なんでそういう人間なのかは「自分の生来の性格だから」としか言えません。しかし、「驚きと感動を与えたい」ということを、ずっと言い続けてきました。これは、15年間続けているブログを読み返して、改めて気づいたことです。

毎年、新卒で入社した社員には、赤ん坊の頃から最近までの写真と、ご両親から寄せられたメッセージをまとめたムービーを届けています。「私たちの会社に入社してくれて、どうもありがとう」の感謝の気持ちから、このプレゼントを始めたのです。

社会人になる節目で、これまで育ててくれたご両親との絆を深めてほしいという思いもありました。何も知らない新入社員たちが、ムービーを観ながら、熱い涙を流している姿を見て、私は毎年、心のなかでガッツポーズをしています。

人々を、世界を、ドキドキワクワクさせる！――「感動価値創造」。それが、私が人生をかけて追い続けたい永遠のテーマです。

儲かるだけじゃつまらない。ビジネスを通じて、誰かが喜んでくれたり、ワクワクやドキドキ、感動を与えられるような仕事がしたい。

そんな想いを共有できる方との出会いを、私は心待ちにしています。

誰もが「アウトドアフルネス」を渇望している

「自然回帰願望の高まり」が、アウトドアブームを形成した大きな要因なのではないかと、私は考えています。

自然回帰の「回帰」には「一周して、元の場所に戻る」といった意味があります。

つまり、自然回帰とは「人間がもといた自然環境に戻ってくる」ことを意味します。**スマホやインターネットとともにある日常から解放されたい。そんな思いが高まっているの**です。

昨今では、ソロキャンプが流行っています。この現象に対して、宇都宮共和大学で専任講師を務める渡邉瑛季氏は「現実世界からの一時的なログアウト」と表現しています。個人的には、異論の余地がない、うなずける例えです。

人類が誕生したのは、およそ700万年前です。これまで人類が歩んできた歴史のなかで、99.99％の時間は、自然とともにありました。朝日とともに起き、夕日とともに眠っていた原始時代の名残が、人間のDNAには深く刻みこまれています。

どんなに文明が発達し、デジタル技術が社会を豊かにしても、結局のところ「自然に身をゆだねる時間」が、どんな時間よりも心地よいと感じるものです。これは人間の〝本能〟のようなものです。だからこそ、アウトドア体験が、多くの人に求められているのです。

太陽の光が差し込む森のなかを、散歩しているとき。

川のせせらぎや小鳥のさえずりを、何も考えずぼんやりと聞いているとき。
家族や友人と一緒にバーベキューで焼いた肉や野菜にかぶりつくとき。
ゆらゆらと燃える焚火の炎を、ゆっくりと眺めているとき。
大地の上に大の字になって満天の星を、眺めているとき。

こうした「アウトドアでしか味わえない何気ない一瞬一瞬」は、何物にも代えがたい〝精神的なやすらぎ〟を与えてくれます。どんな人も、大自然のなかに身をゆだねるとき、言葉では言い表せないような解放感に包まれるものです。皆さんも、一度は経験したことがあるのではないでしょうか。

１９９６年にピークを迎えたキャンプ人口（１５８０万人）は、２００８年に７０５万人まで底を打ったあと、じわじわと増えており、２０１９年には「８６０万人」に達しました。このキャンプ人口が増え始めた「２００８年」という年は、スマホ元年です。アップル社が世界で初めて「スマホ」を発売した年と重なります。

一方、博報堂ＤＹメディアパートナーズは２０２１年に「メディア定点調査２０２１」を発表しました。同調査では９６２人に「メディアの接触時間」を聞いています。

その結果、メディアの接触時間も、２００８年に底を打ったあと、現在に至るまで増え続けていることがわかっています。スマホの接触時間が増えるなかで、アウトドアレジャーで「ログアウト」したい人が増えるようになった。このように考えることができるのではないでしょうか。

アウトドアで得られるやすらぎに、敢えて名前をつけるとすれば「アウトドアフルネス」と表現できるかもしれません。今、この一瞬一瞬に目を向ける「マインドフルネス」からヒントを得た言葉です。デジタルデバイスから浴びせられる情報を一切遮断し、ただひたすら、大自然に身をゆだねる――そうしたときの心の作用は、マインドフルネスに近いのではないでしょうか。

改めて話を整理します。昨今のアウトドアブームは、スマホなどのデジタルデバイスの接触時間が増えるなかで巻き起こった「自然回帰願望の高まり」が根底にあるのではないかと、私は考えています。

私たちがコロナ前のように、マスクなしで、気軽に繁華街に足を運べるようになる日は、いつ訪れるのでしょうか。なかなか予想がつかないものですが、「アウトドア

熱（＝自然回帰願望）」が冷めやむことは考えにくいです。
アウトドアビジネスの始め時は、まさに「今」なのです。

GLAMPING Chapter 2

LET'S GET OUTDOORS!
GLAMPING

“唯一無二の感動体験”を提供する高級アウトドアリゾートを目指す

【Chapter 2-1】

グランピングは
ハイヒールを履いたまま遊べる高級リゾート

キャンプとグランピングの違いは何か？

一般的にキャンプというと「道具の準備がたいへん」「虫がいっぱいいる」「外だから暑い・寒い」などのイメージがあります。それを「サバイバル感があって楽しい」と捉える人もいますが、どちらかと言えば少数派かもしれません。どうしても、キャンプはハードルが高いレジャーだと思われることが多いものです。とりわけ、女性にはマイナスなイメージを持たれがちです。

テント、タープ、チェア、シュラフ、ランタン、調理用バーナー、クッカー、焚き火台、クーラーボックス…。これらは、キャンプ道具のほんの一部ですし、食材やキャンプ道具を運び込むための大型車も必要になります。

一方、グランピングは大きく異なります。**着替え以外の持ち物が、一切不要**です。**ホテル並みの設備が整っていることも多く、キャンプが苦手な人たちとも一緒に楽しむことができます。テント内にベッドが設えてあるため、旅館やホテルに宿泊するように、着替えさえもって行けば、それでじゅうぶん**なのです。

駐車場にはスタッフが1人か2人待機していて、お客様が到着したら受付まで案内をします。ウェルカムドリンクを提供して、客室や施設、お食事の説明を行います。もちろん、テントを張ったり、自炊したりする必要が一切ありません。一流シェフが腕によりをかけたディナーコースを、ラグジュアリーな空間で優雅に堪能することができます。

室内は、大型ベッドが置ける広さで、ホテルと同じアメニティが用意されています。フリーWi-Fi、タオル、シャンプー、リンス、ボディソープ、ドライヤー、歯ブラシ、コットン、綿棒、髪ゴム、カミソリ、ボディスポンジなどです。新たにアウトドアアイテムを購入したり、防寒具を着こむ必要は一切ありません。

Z世代を虜にする〝エレガントな街遊び感覚〟

とても嬉しいことに、私たちが直営展開するデュラクスアウトドアリゾートは、グーグルをはじめとする多くの口コミサイトで、４つ星〜５つ星の評価をいただいています。リピーターのお客様も非常に多く、口コミや紹介で、お客様が増え続けているのが現状です。

デュラクスアウトドアリゾートのグランピング施設には、プール、ジャグジー、サウナが揃ったスイートルームもあります。海外の高級リゾートさながらの雰囲気があり、お客様の嬉しい悲鳴が聞こえてくることがよくあります。

グランピングでプロポーズをする企画や、ウエディング、バースデーなどの「特別プラン」もお客様のオーダーに応じてご用意します。アウトドアなのに、〝エレガントな街遊び感覚〟で楽しめる場所、それがグランピングなのです。

もしも「ハイヒールのまま、キャンプに行きたい！」なんていう女性がいたら「そんなの無理だろう」と思うでしょう。しかし、グランピングならば、このような女性たちの願いを叶えることができます。**キャンプと違い、洗練された装いでも、まったく**

違和感がないのが、グランピングなのです。

こうした特徴から、20代前後のZ世代の若者たちは、グランピングという「コト消費」の虜になっています。

お客様の並々ならぬご愛顧もあり、2022年現在、日本全国にデュラクスブランドのグランピング商品を導入した施設は30以上あります。そして、2022年度におけるる売上高は、コロナ禍でありながら10億円を突破する勢いです。デュラクスアウトドアリゾートのフランチャイズ展開も本格的にスタートしたところです。そうはいっても、イメージが湧きづらいかと思いますので、先に、私たちのグランピング施設の特徴を簡単にお伝えしたいと思います。

●●● デュラクスのグランピング施設の特徴 ●●●

グランピング施設

- ○「地方創生」をテーマに、地元の魅力を存分に詰め込んだグランピング施設
- ○台風が来ても畳む必要がない頑強構造のドームテント
- ○1棟限定・貸切で「特別な1日」を演出するコンテナハウス
- ○再生可能エネルギー（太陽光、風力、地熱発電など）を導入した新時代型のグランピング施設
- ○インフラ設備がない秘境にもグランピング施設を作れる
- ○不快な寒さ・暑さを一切感じない空調（エア・コンディショニング）の導入
- ○一流ブランドの高級ベッドの導入

接　　客

- ○「もう一度行きたい！」と思える心温まるおもてなし・ホスピタリティ
- ○高級ホテルの教育制度の導入

食　　事

- ○水揚げされたばかりの新鮮な魚や地場野菜などの活用（＝地産地消）
- ○素材本来の滋味を存分に活かした美食の提供

感動体験

- ○臨場感たっぷりに動く恐竜によるお出迎え
- ○ドームテントから望む「四季折々の絶景」と「満天の星」
- ○地場野菜やキノコの「収穫体験」
- ○次世代型電気自動車「EV-トゥクトゥク」によるモビリティ体験
- ○季節ごとの参加型イベント（肝試し体験、ウォーターパーク、サバイバルゲーム、世界の恐竜展、世界の昆虫展、グループサウナなど）
- ○ほかのお客様とともに楽しむゲーム大会（ビンゴなど）
- ○ファミリーからカップルまで、すべてのお客様の記念日を「最高の1日」にするイベント演出（気心の知れた仲間たちだけの貸切が可能）
- ○家族や親しい友人たちだけを招いて行う小さな結婚式
- ○LGBTの方々のためのウェディングプラン

このようなグランピング施設デュラクスをフランチャイズ展開しているのが「デュラクス アウトドアリゾート」です。いかにお客様に心からの感動を味わっていただくか。「またここに来たい！」と思っていただけるか。私はそこに、命を懸けて挑んでいます。

「グランピングはキャンプの延長線上のもの。キャンプの利用客がグランピングを利用する」ものだと思い込んでいる方もいますが、それはまったく違います。グランピングのターゲットは、キャンパーではなく「ホテル利用客」です。日本人の国

内旅行の市場規模は17兆円です。グランピングは間違いなく、この市場に正面からアプローチできるアウトドアレジャー施設なのです。

"ちょっと豪華な手ぶらキャンプ"でいいのか？

グランピングでは、1本のポールを立てた三角型の「ティピーテント」や、ふっくらと丸みを帯びた「タマネギ型テント」などが人気ですが、テントではないグランピング施設もあります。例えば、クルマでけん引できる「トレーラーハウス」や、ウッドデッキのある「コテージ」や「ログハウス」などです。

そのほか、耐風性に優れたジオテシック構造（正三角形の構造材をドーム型にすることで強度を高めた構造）の「ドームテント」を設置することもあります。ドームテントの場合、内部にエアコンが設置されているため「暑さ・寒さ対策」について考える必要がありません。春夏秋冬問わず、快適に過ごせます。

一方、サービスについてはどうでしょうか。**グランピング施設の単価は、1泊あた**

り2～3万円ですから、「それなりのサービスを提供しているのだろう」と期待されるかもしれません。しかし、実はそうとも言い切れません。

ホテルのように、ホスピタリティにあふれたグランピング施設もありますが「グランピングのテントに泊まるだけ」「シーツの取り換えや虫の駆除は全部、お客様任せ」といった施設もあるのが実情です。

値段は高級ホテル並みなのに、キャンプ並みのホスピタリティ。これで、お客様が満足できるはずがありません。一部のグランピング施設の経営者は「空調完備のドームテントに泊まれ

グランピングとキャンプの違い

	キャンプ	グランピング
持ち物	キャンプ道具～食材まですべて自分たちで用意	着替えのみでOKな場合が多い
空調	空調設備はない。快適に過ごすための防寒具などが必須	冷暖房完備の場合が多く、快適に過ごせる
宿泊する場所	テント	ドームテント ティピーテント タマネギ型テント トレーラーハウス コテージ、ログハウス など
サービス	すべてセルフサービス	施設によってピンキリ

れば、それでお客さんは満足するはず。『ちょっと豪華な手ぶらキャンプ』なのだから「グランピングとネーミングしておけば、それだけで人が集まるだろう」と、安易に考えているのかもしれません。これは本当に残念なことです。

グランピングの特徴を俯瞰すると、施設によって異なる点が多く、ふわっとしているなと感じられた方もいるかもしれません。なぜ、グランピングはこれほどまでに曖昧なものなのか。それはグランピング事業者が、各々の〝イマジネーション〟や〝構想〟に基づいて「グランピング」を独自に解釈し、さまざまな形態の宿泊施設を創造しているからなのです。

DELUXSCAFE

Chapter 2-2

グランピングの最新トレンドは「アウトドア」と「感動体験」

海外では「アウトドアリゾート・グランピング」が人気

日本のグランピング市場の現状については、ご理解いただけたのではないかと思います。一方、海外の状況はどうでしょうか。実は、日本と同じく「爆発的なアウトドアブーム」が巻き起こっているのが実情です。

アメリカ合衆国のキャンプ団体「Kampgrounds of America（KOA）」によると、アメリカ国内で2020年にキャンプを始めた人は、2019年に比べて5倍であるほか、**キャンプ場の予約サイト「The Dyrt」の2020年夏期における予約件数は、**

2019年と比べて、400倍であることがわかっています。これは驚くべき数字です。アメリカでは、2020年に、4800万世帯が1回以上キャンプを楽しみ、そのうち770万世帯が「コロナ禍の影響で、キャンプを始めた」こともわかっています。

アメリカでも日常の喧騒から離れ、周りを気にせずのびのびと楽しめるアウトドアレジャーがブームになっているのです。

海外のグランピング市場におけるトレンドの一つが「グランピング施設のアウトドアリゾート化」です。海外では、キャンプの延長線上のようなものではなく、「高級アウトドアリゾート」と表現できるようなグランピング施設「アウトドアリゾート・グランピング」が大きな人気を集めているのです。**海外の状況は「ちょっと豪華な手ぶらキャンプ」が多い日本とは、大きく異なる**のです。どんなアウトドアリゾート・グランピングがあるのか、みていきましょう。あなたがグランピングビジネスに興味がある場合、大きなヒントが得られるかもしれません。私自身「こんなアイデアがあるのか！」「こんな発想はなかった！」と、目から鱗でした。

カナダにある孤島・バンクーバー島の西海岸にある入り江「クライクォットサウンド」のほとりにあるのが「Clayoquot Wilderness Lodge」というグランピング施設です。

Clayoquot Wilderness Lodge（カナダ）

この施設の最大の魅力は、自然が織りなす絶景を楽しめるロケーションです。バンクーバー島は、水上飛行機もしくはボートでしか行けない場所であるため、そこにあるのは、深緑色の針葉樹林とクレイクォットサウンドのみ。人里離れた静かな島で、悠久の歴史を感じさせる自然風景を独り占めできるのは宿泊した私たちだけ――そんな体験ができるのが、このグランピング施設ならではの魅力です。

白い帆布のテント内には、鋳鉄製の薪ストーブ、キングサイズのベッド、アディロンダックチェアが設えられており、ブラウン系のシンプルなインテリアで統一されています。もちろん、空調設備は完備されているため、快適に過ごせます。

食事はメインロッジにあるレストランで、バンクーバー島とブリティッシュコロンビア州の食材を使った日替わりメニューを堪能できます。

レストランの隣のバーラウンジ「The Ivanhoe」は、天井まである大きなガラス窓になっているため、クレイクォットサウンドの美しい入り江を一望できます。カワウソ、クマ、オオアオサギ、ワシなどの野生動物を観察することもできます。

このグランピング施設は、アクティビティも充実しています。ホエールウォッチング、パドルボード、カヌー、ロッククライミング、ツリークライミング、乗馬、アーチェリー、ヨガ、ワイルドサイドウォークツアーなど、多彩なバリエーションで宿泊客を楽しませます。1泊あたり1583ドル～で宿泊できます。

Jamala Wildlife Lodge（オーストラリア）

一方、オーストラリアのキャンベラには、「Jamala Wildlife Lodge」という高級グランピング施設があります。一般的な高級ホテルと圧倒的に違うのは、さまざまな動物たちが施設内にいること。国立動物公園と水族館に隣接しているため、バルコニーからキリンにエサをあげたり、バスルームからマレーグマを観察できたりするのです。ライオン、チーター、トラなども、ガラスの間仕切りのすぐそばで観察することもできます。「動物園・水族館に泊まれる」というのは、ありそうでなかったユニークなコンセプトです。

宿泊施設内は、シックなヨーロピアン調の家具と、アフリカの動物のインテリアやアート作品が飾られており、ラグジュアリーな雰囲気です。部屋にある天蓋つきの白いベッドのすぐ隣には、巨大魚が泳ぐ水槽があり、迫力抜群です。

どの部屋もエアコン完備で、一部の客室はツリーハウスになっていたり、スパ仕様のバスルームになっています。屋外プールは誰でも利用可能。ディナーはアフリカ料理を堪能できます。宿泊客の満足度が非常に高く、某旅行予約サイトでは数百件の口コミでほぼ満点評価となっています。このグランピング施設は、1泊あたり890ドル〜で宿泊できます。

The Grand Tiki（アメリカ）

アメリカのフロリダ州のキーウェスト沖には、2021年にオープンしたバンガロータイプのグランピング施設「The Grand Tiki」があります。最大の特徴は、360度オーシャンビューであること。かやぶきのバンガローを水上に設置しているため、ぐるりと一面、海の世界なのです。日本三景の一つに「厳島神社」がありますが、あのような場所に宿泊できるといえば、わかりやすいかもしれません。リゾートならではの「非日常感」を上手に設計したグランピング施設といえるでしょう。

バンガローのなかは、赤茶色のアジアンテイストなフレームのベッドが中央に配置されています。壁は、外壁や屋根と同じ植物があしらわれていて、オリエンタルな雰囲気が漂っています。

アメリカに住む方々にとっては、東南アジアまで足を運んだかのような「非日常感」が得られる点が、支持されているのではないでしょうか。1泊あたり8万5000円～で泊まれるアウトドアリゾートです。

Collective Hill Country（アメリカ）

アメリカのテキサス州には、牧場内に作られた「Collective Hill Country」というグランピング施設があります。テキサスの文化やグルメを楽しめる工夫が随所に凝らされている「アウトドアリゾート」です。

たまご色のやわらかい風合いのテントの内部は広々としており、中央にはキングサイズのベッドが配置されています。ベッドの下には、職人が手染めしたネイティブアメリカン調のラグが敷かれており、SNS映えするアクセントになっています。設置されている家具は、ウッディで上質な雰囲気があり、本物志向の大人が好みそうです。

この施設では、部屋でマッサージを受けられるほか、乗馬、ハイキング、弓矢投げ、ナイフ投げなど、ここでしか味わえないアクティビティも充実しています。シェフによるテキサスの郷土料理が楽しめるのも嬉しいポイントです。このグランピング施設は、1泊あたり263ドル～で宿泊できます。

ジャパニーズ・グランピングの未来予想図

以上の通り、海外には、日本のグランピング施設のレベルをはるかに超えたアウトドアリゾート・グランピングがあり、そうした施設が絶大なる人気を博しています。

高級な宿泊施設というと、パークハイアットやリッツカールトンなどの高級ホテルが真っ先に思い浮かぶものですが、実際には、5つ星ホテル並みのクオリティがあるアウトドアリゾート・グランピングがたくさんあるのです。

私は、「非日常」「ラグジュアリー」などと表現できるようなグランピング施設を、日本にも作ろうと本気で考えています。そうして立ち上げたのが、デュラクスというグランピンググランドなのです。デュラクスであれば、高級アウトドアリゾートのようなグランピング施設を、1棟あたり2000万円前後で作ることができます。それが他社では実現できないデュラクスならではの付加価値です。

今の日本にあるのはキャンプの延長線上のようなグランピング施設ばかりです。しかし、そう遠くない未来、日本にも「アウトドアリゾート・グランピングブーム」が訪れるだろうと考えています。なぜならば、海外のトレンドが、少し遅れて日本に輸入され、爆発的なブームに発展することがよくあるからです。

例えば、ニューヨークタイムズ誌に「世界一の朝食」だと評されたオーストラリアの「ビルズ」や、クリームが山盛りになったパンケーキが売りのハワイのパンケーキ店「エッグスンシングス」の日本上陸が、今もなお続く「パンケーキブーム」に発展したことが知られています。

海外で発祥したものが、日本でも流行する事例は「食」だけではありません。1990年代後半から2000年代にかけて流行したスノーボード、1970年代と1990年代にブームになったベルボトムパンツ、ウェブデザインのスタンダードになっているフラットデザイン、コロナ禍で加速している企業のＤＸ化…。こうしたものはすべて、海外で誕生し、日本にも輸入されたことで定着しています。

日本にいると、国内で自然発生的にブーム・トレンドが形成されているかのような錯覚に陥ります。しかし、実際には、世界で生じた一大トレンドが日本にも輸入されてブームになることが多いのです。

市場規模が大きい海外のブームが、日本国内のマーケットに与えるインパクトは計り知れないものです。日本のグランピング市場だけを見るのではなく、海外の市場もウォッチすることで、次のトレンドが見えてきます。

人気のグランピング施設は何がすごいのか

実は日本にも「一度は行きたい！」と思えるグランピングがあります。いわば「アウトドアリゾート・グランピング」と表現できるような施設です。

「非日常」と言えるような高級感あふれる内装、サービススタッフによる高級ホテル並みのホスピタリティ、贅を尽くした美食、ここでしか味わえないアクティビティ体験——

こうした要素を兼ね備えたグランピング施設は、予約が取りづらい状況が続いています。**「今、どんなグランピング施設が流行しているのか?」に関するヒント**として、人気を博しているグランピング施設をご紹介したいと思います。

伊勢志摩エバーグレイズ(三重県志摩市)

「伊勢志摩エバーグレイズ」は「アメリカン&アウトドアリゾート」をテーマにしたグランピング施設です。伊勢志摩国立公園の中心に位置しており、伊勢神宮の森から湧出する清流を源とする湿地帯にほど近い場所にあります。50種類以上のカモやサギなどの野鳥が見られるほか、メダカやトンボなどの生き物も見られる自然豊かな環境です。こうした自然環境はアメリカフロリダ州にある東海岸最大の自然保護地区「エバーグレイズ国立公園」と共通する部分が多いことから「伊勢志摩エバーグレイズ」と命名したそうです。

この施設の最大の魅力は「景観を邪魔する人工物を一切排除した圧倒的な大自然」です。あたりは山々の稜線が広がるばかりで、ビルなどの人工物は見当たりません。本当にアメリカにあるリゾート地に来たかのような気分が味わえるのです。

高級感あふれるウッディな外観のキャビンは、写真映え抜群です。インテリアや天蓋付きのベッドなどは、高級ホテルさながらです。４人で同時に乗れる「カナディアンカヌー」や、子どもも漕げるバイク「ファンサイクル」、アメリカから輸入した「ペダルボート」での水上散歩など、アクティビティも充実しています。ハロウィン、イースターエッグ、クリスマス、バレンタインなどアメリカンカルチャーを取り入れたイベントもあります。老若男女問わず、幅広い世代が心から満足できる素晴らしいグランピング施設です。

EAST COAST FINEGLAMPING 茨城ひたちなか（茨城県ひたちなか市）

「EAST COAST FINEGLAMPING 茨城ひたちなか」は、阿字ヶ浦海岸にほど近い場所にある潮風の香るグランピングです。デュラクスがプロデュース協力した施設です。近隣には、季節折々の美しい花やアスレチックが楽しめる「国営ひたち海浜公園」や日本トップクラスの大型水族館「アクアワールド大洗水族館」、美味しい海鮮料理が楽しめる「那珂湊おさかな市場」など、レジャースポットが充実しています。

一つのサイトは「ドームテント」「焚き火テラス」「サブテント」の3つで構成されており、プライベート感あふれる空間設計になっています。また、すべての客室はプールに面しているため、海外の高級リゾートさながらの雰囲気が漂っています。夜は水中LEDが点灯するおしゃれなナイトプールで遊ぶこともできます。気の置けない仲間とワイワイ、パーティ気分を味わえるでしょう。

ディナーは「焚き火グリルコース料理」。最高級カナダビーフや季節野菜のバーニャカウダ、チーズフォンデュなど豪華なフルコースを堪能できます。

焚き火での焼き芋、森林のなかをバギーでドライブできる「WILD BUGGY FOREST」など、親子で楽しめるアクティビティがあるのも、このグランピング施設の魅力です。家族やパートナー、友人と、一生忘れられない最高の思い出を作れるグランピング施設です。

デュラクス アウトドアリゾート京丹後久美浜LABO（京都府京丹後市）

「デュラクス アウトドアリゾート京丹後久美浜LABO」は、デュラクスがプロデュースしたグランピング施設です。

「もっと驚きを。もっと感動を。」をテーマに、心の底からドキドキ・ワクワクできる〝非日常空間〟を目指しました。グランピング施設の入り口には、巨大なティラノサウルス2頭がお出迎えします。

電気で動く「EVバギー」で、敷地内を縦横無尽に走り回れるほか、ヘリポートを設置予定。オプションで「貸切サウナ」を用意しているため、水着でグループサウナを楽しむこともできます。食事は「地産地消」をテーマにしており、地元の食材を使ったバーベキュー料理を提供しています。

キャンプでは体験不可能なアウトドアラグジュアリーを体現できるジャグジーやプールも、突然響き渡る恐竜たちの咆哮とともに非日常空間を演出。風の音、虫の音、美しい自然のなか、時間がゆっくりと流れます。

このリゾートに完成形はありません。驚きと感動は進化し続けるのです。

「ここでしか味わえない感動体験」が最重要

これらの施設の共通点は「非日常感」「ここでしか味わえない感動体験」を生み出していることです。

みんなで、ここに来れて、すごく楽しかったね。
たくさんいい思い出ができたね。
また来年、一緒に来ようね。

私たちが本当に目指したいのは、このような会話が自然と交わされるようなグランピング施設です。一人でも多くのお客様に、一生、記憶に残る思い出を作りたいと、真剣に願っています。

私は、デュラクスのグランピング事業を始める前から、ずっと、大規模展示場の出展ブースの企画・デザイン・施工に取り組んできました。だからなのでしょうか、「もっとおもしろいグランピング施設にならないか」「もっと感動を提供できないか」を、飽きもせず四六時中考え続けています。

グランピング施設が400しかない〝今〟がチャンス！

コロナの脅威は縮小しているように思えますが、ビフォーコロナの世界に戻れる可能性はきわめて低いです。そうしたなかで、非日常感に徹したアウトドアリゾート・グランピングは、今後とも支持され続ける可能性が高いでしょう。なぜならば、「非日常の世界にトリップしたい」「感染リスクを気にせず楽しめるレジャー施設に行きたい」といった願望を満たせるのは、アウトドアリゾート・グランピングだけだからです。

キャンプの延長線上にあるようなグランピング施設が多い日本は、まさに〝今〟が、絶好のチャンスです。

グランピングビジネスをやるならば、アウトドアリゾート・グランピングがベストである理由はほかにもあります。それは、若者たちの「ＳＮＳ映え願望」です。Ｚ世

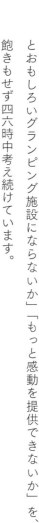

代の若者たちは「SNS上で魅力的な自分を演出したい」という思いをもっています。自分たちが遊ぶスポット、食事をする飲食店、宿泊するホテルは、インスタグラムで画像検索して情報収集しています。だからこそ、贅を尽くした華やかなアウトドアリゾート・グランピングが注目を集めやすいのです。

「ウイルス感染の心配がない場所で羽を伸ばしたい」「非日常の世界に行きたい」「SNS映えしたい」の3つの願望は、観光・レジャー産業を生業にするならば、ぜひとも押さえておきたい消費者心理です。この3つを満たしたビジネスを考えた場合、アウトドアリゾート・グランピング以外に考えられないのです。この分野における需要は、今後とも拡大し続けるだろうと、私は考えています。

グランピング市場は、今までにない新しいものを創造すべき転換期にあると、私は考えています。現状では、手ぶらキャンプの延長線上にあるようなグランピング施設が多いですが、これからは、ジャグジーやサウナといったおもてなし設備があったり、ホテル並みの美食が堪能できたり、ホスピタリティあふれる接客のグランピング施設が求められていくでしょう。

その他大勢に埋もれる「グランピング」で妥協するのか。

それとも、圧倒的な感動体験をもたらす「アウトドアリゾート・グランピング」で差別化を図るか。

グランピングビジネスに興味があるならば、ぜひ考えてみていただきたいと思います。私は、もちろんアウトドアリゾート・グランピングを選びます。集客上、有利ということもありますが、お客様がワクワクしたり感動したりしている様子を間近で味わえるのは、まぎれもなくアウトドアリゾート・グランピングだけだからです。いずれにせよ、日本にはグランピング施設が４００しかありません。グランピングビジネスを始めるならば、今が絶好のチャンスです。

グランピングの世代間比較

	これまでのグランピング	アウトドアリゾート・グランピング（＝次世代型グランピング）
スタッフの対応	スタッフは聞かれたことにだけ答える	お客様が快適に過ごせるよう、きめ細やかな心遣いでおもてなしをする
快適性	SNS映えするおしゃれなコットンテントだが、空調設備がないため、防寒対策が必須。トイレ・シャワーは、他のお客様と共有する	テント内の空調設備・お手洗い・バスルームを完備。テント内は暖かいため、冬は半袖でも快適に過ごせる
食事	それなりに美味しい一般的なバーベキュー	ホテル並みの美食を提供する。「地元の出張料理人による料理」か「ワイワイ楽しめるBBQ」のいずれかを選べる
アクティビティイベント	アクティビティやイベントはない	子どもから大人まで楽しめるアクティビティ、特別イベントが充実している。宿泊客のオーダーに合わせた記念パーティの企画が可能

GLAMPING Chapter 3

LET'S GET OUTDOORS!
GLAMPING

アウトドア文化の浸透で広がるビジネスチャンス

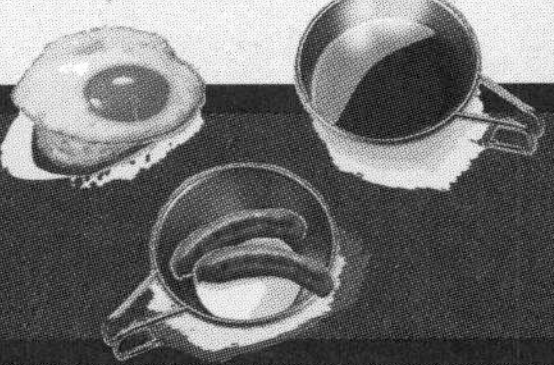

Chapter 3-1

アウトドアレジャー施設はなぜ空前の人気なのか

コロナで「アウトドアブーム」が加速した!

コロナの影響でホテル・旅館などの宿泊業は大きく収益が落ち込むなか、同じ宿泊業でもグランピングなどのアウトドアレジャー施設だけは絶好調でした。以下は、キャンプ場の検索・予約サイト『なっぷ』を運営する株式会社スペースキーが「1施設あたりの平均予約件数の前年同月比（2020年3月から2021年2月）」をまとめたものです。

ご覧のとおり、2020年は4月・5月を除き、前年同月比で「すべてプラス」に転じています。２０２０年９月以降にいたっては、前年同月比で「１４６.３％」〜「２２５.４％」もの予約が入っています。

1施設あたりの平均予約件数（前年同月比）

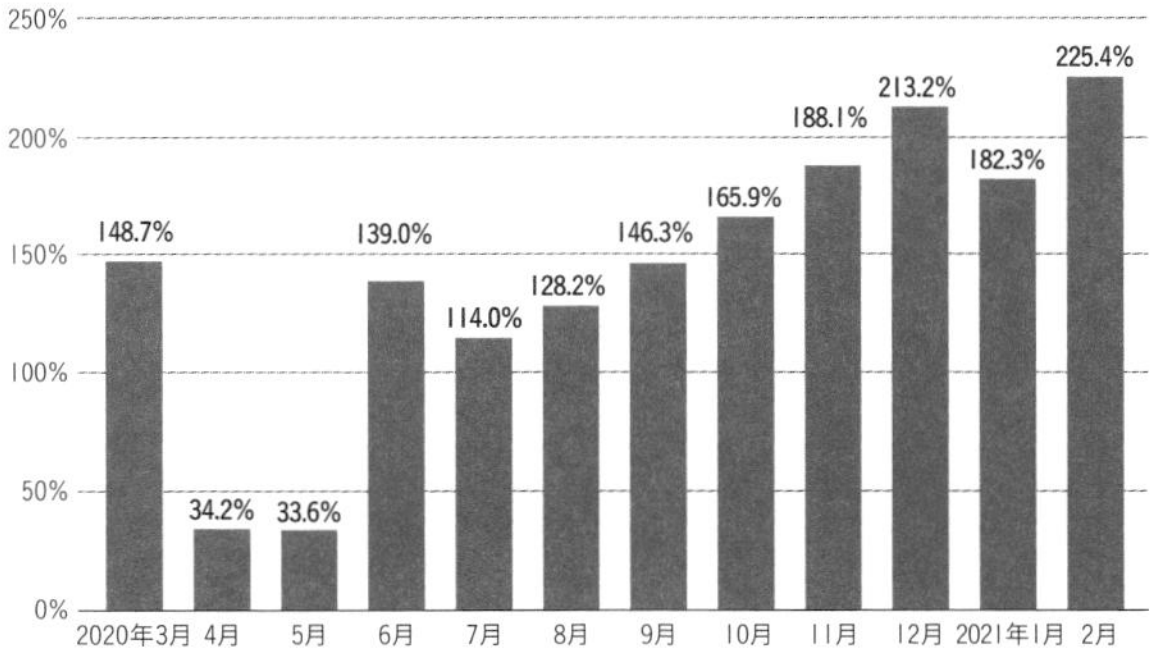

出典：PR TIMES「キャンプ場検索・予約サイト『なっぷ』調べ　20年12月〜21年2月　冬のキャンプ動向」

プラン別予約件数（前年同月比）

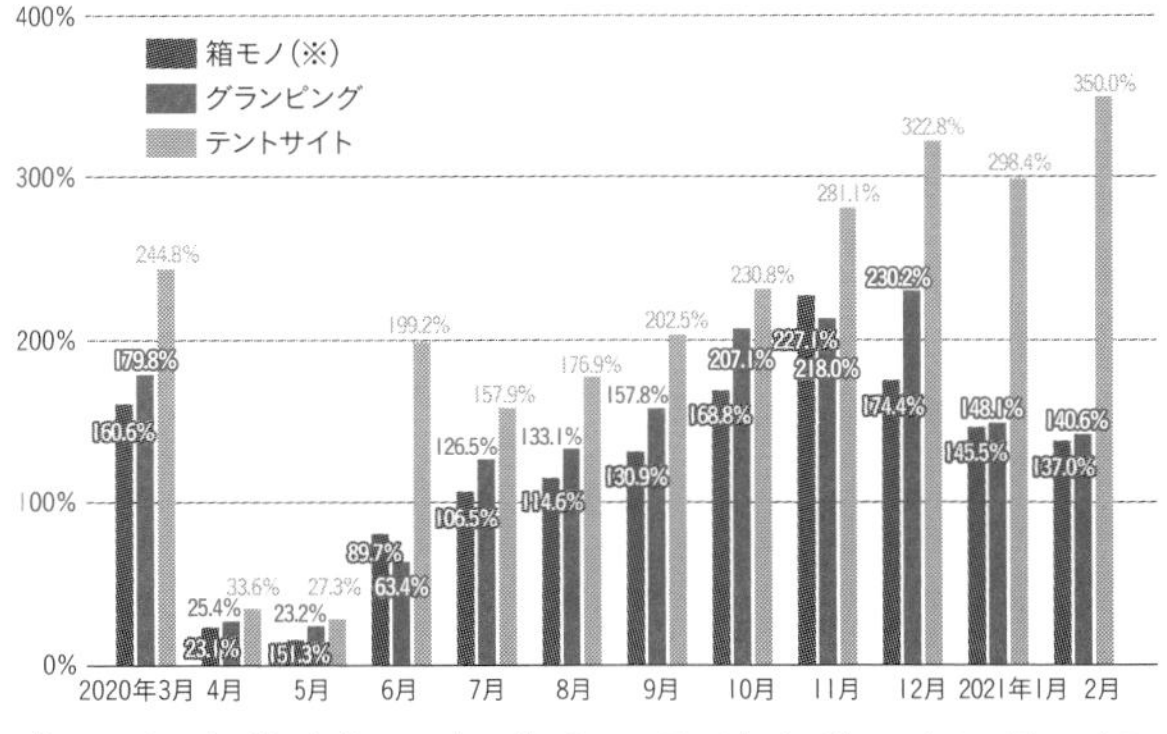

※箱モノ：キャビン（ケビン）、ロッジ・ログハウス、コテージ、バンガロー、トレーラーハウス

出典：PR TIMES「キャンプ場検索・予約サイト『なっぷ』調べ　20年12月~21年2月　冬のキャンプ動向」

同社は「箱モノ（キャビン、ロッジ、ログハウス、コテージ、バンガロー、トレーラーハウス）」「グランピング」「テントサイト」の3つのプラン別の「予約件数」もまとめています。ご覧の通り、いずれのアウトドアレジャー施設も、前年同月比を大きく上回る予約が入っています。

新型コロナウイルスの感染拡大によって、ホテル・旅館・レジャーなどの「観光産業」は、これまでに例を見ないほどの打撃を受けるなか、なぜ、アウトドアレジャーだけが「一人勝ち状態」だったのでしょうか。

その理由は、きわめてシンプルです。アウトドアレジャーが「オープンエア」だからです。キャンプもグランピングもロッジも、一歩外に出れば大自然です。ホテルのように、ほかの宿泊客と食事をともにしたり、接触するような機会がありません。接触するのは、一緒に宿泊している家族や友人くらいです。ホテルや旅館と比較した場合、圧倒的に接触頻度が減り、しっかりとソーシャルディスタンスを確保できるのが、アウトドアレジャー施設なのです。

アウトドアは三密を回避できるため「（レジャーとして楽しんでも）周りに許してもらえるだろうという心理が働く」という分析も発表されています。つまり、余暇を楽しむ「言い訳」を立てられるのが、アウトドアレジャー施設なのです。

コロナワクチンの接種率が高まり、新規感染者数が減少していくなかで、ホテル・旅館の客足が、コロナ前の水準になるだろうと指摘する専門家もいます。それ自体は、たいへん喜ばしいことです。

しかし、どんなに状況が好転したとしても、人が大勢集まる場所を避けたいと思う感覚は、そう大きく変化しないのではないでしょうか。周りに気を遣わず「マスクなし」で外出できる日も、そう早くは訪れないのではないかと思います。

一言でいえば、**コロナによって「余暇の過ごし方」「余暇に求めるもの」は、大きく変わってしまったのです。今巻き起こっているアウトドアブームは、決して一過性のものではない**だろうと、私は考えています。

「第二次アウトドアブーム」の驚くべき経済効果

1990年代の日本は「第一次アウトドアブーム」でした。その頃は、バブル崩壊後ということもあり、ホテルや旅館よりも「経済的な宿泊レジャー施設」として、並々ならぬ人気を博していました。アウトドアブームのピークだった１９９６年のキャンプ参加者人口は「１５８０万人」。約８人に１人がキャンプを楽しむような時代だったのです。

そして、ここ数年は「第二次アウトドアブーム」が到来しています。１９９６年のピークを境にキャンプ人口は減少し、２００８年には７０５万人まで落ち込みましたが、２０１０年以降は緩やかに上昇。２０１９年におけるキャンプ参加者の人口は８６０万人に達しています。ピーク時の半分程度の参加人口とは

オートキャンプ参加人口の推移(推定値)

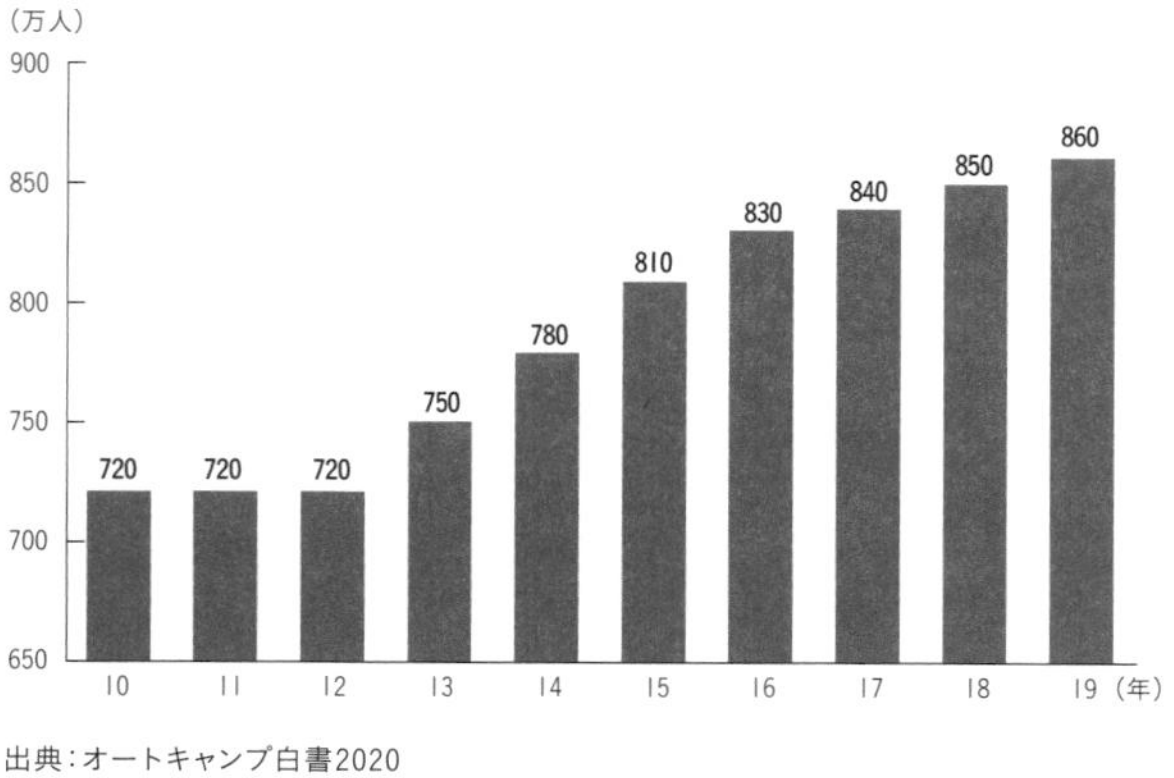

出典:オートキャンプ白書2020
閲覧:旬刊旅行新聞:https://www.ryoko-net.co.jp/?p=81115

いえ、デジタルな娯楽があふれ、娯楽そのものが多様化している時代背景を踏まえると、並々ならぬ白熱ぶりです。

キャンプ用品市場の売上高は、さらに「興味深い展開」をみせています。キャンプ用品業界の市場規模は、1996年の760億円がピークでした。その後、緩やかに減少していきましたが、2009年から毎年伸び続け、2019年における市場規模は753億円です。

つまり、**キャンプ参加人口は1996年のピーク時の半分程度ですが、私たち日本人がアウトドアに費やすお金は、ピーク時の1996年と「ほぼ同程度」なのです。**アウトドア業界に、空前のビジネスチャンスが訪れている、といってよいでしょう。

ホテル、旅館に次ぐ第三の宿泊施設へ

これほどまでにアウトドアが「空前のブーム」となったのは、先述した三密回避のほかに「アウトドアレジャーの多様化」も、理由の一つに挙げられるでしょう。

第一次アウトドアブームの頃のキャンプは「お父さんがアウトドア知識を身につけ、キャンプ道具一式を買い揃えて挑むもの」というものでした。しかし、昨今では、ファミリー層だけでなく、一人で楽しむ「ソロキャンプ」、夫婦で楽しむ「夫婦キャンプ」、女子だけで楽しむ「女子キャン」、犬とキャンプする「犬キャン」など、**キャンプの楽しみ方が多様化**しています。

さらには、**キャンプギアが不要な「手ぶらキャンプ」や、宿泊を伴わない「デイキャンプ」、ホテルと同じように快適な「グランピング」など、バリエーションも格段に増えました。コロナ禍の2020年には、家の庭などにテントを張る「おうちキャンプ」や、自宅のベランダでグランピング気分を味わう「ベランピング」なる楽しみ方まで登場**しています。

外出の自粛が強いられ、どこにも遊びに行けないなか、家でアウトドア気分を味わいたい人たちの間で、これまでにないアウトドアの楽しみ方が多方面で開発されている。これが、第一次アウトドアブームとの大きな違いです。ファミリー層に限らず、誰もが自由に自分だけのスタイルでアウトドアを楽しめるようになった今、アウトドアが一つの「文化」へと昇華する素地ができあがっています。

グランピングの人気も高まっています。PR会社「Cision」は、グランピング市場の成長率は「年14・1％」であり、2028年は54・1億ドルに達することを予想しています。グランピングは今後とも市場規模を拡大し続けていくだろうと期待されているのです。

グランピングは、ホテル、旅館に次ぐ「第三の宿泊施設」として定着する可能性を秘めています。それは、ホテルや旅館並みの「清潔感」や「快適性」、「ホスピタリティ」を兼ね備えており、アウトドアが苦手な人たちのニーズにも十二分に対応した宿泊施設だからです。グランピング経営は、今後の伸びしろがきわめて大きいビジネスです。この点が、グランピングビジネスを始めるべき大きな理由の一つです。

【Chapter 3-2】

空前のブームでも実は儲かっていないキャンプ場の台所事情

キャンプ場の客室単価は平均4000円…

「アウトドアといえばキャンプ。キャンプに行く人が増えているなら、キャンプ場経営がいいかもしれない…」と、考える方がいらっしゃるかもしれません。しかし、結論をいえば「キャンプ場の経営」はおすすめしません。アウトドアブームといえども、キャンプ場そのものは、ほとんど儲かっていないからです。

その理由の一つとして、もっとも見逃せないポイントが「客室単価（ADR）の低さ」です。キャンプ場は「1サイト（区画）あたり〇〇円」といった課金体系のケースが多いため、利用人数が増えてもせいぜい数千円程度の収益にとどまることが多いです。事実、キャンプ場におけるサイト利用料の全国平均は「4314円（日本オートキャンプ協会、2018年調べ）」です。

これがいかに低いかは、旅館やホテルなどと比較してみるとよくわかります。**2018年における宿泊施設の想定客室単価は「3万1340円」です。実に7倍以上もの開き**があるのです。旅館やホテルの場合、従業員の雇用人数が多い、施設維持費がかかるなど、経費項目が多いことを無視できませんが、それを差し引いても、キャンプ場の収益性は厳しいと言わざるをえないでしょう。

さらに、キャンプ場の利用人数が「減少傾向にある」点も、留意しなければなりません。2020年におけるキャンプ場の平均利用人数は「3・6人」（オートキャンプ白書2021）でしたが、「ソロキャンプ」が2020年の『流行語大賞』のトップ10にもランクインするなど、施設経営者にとっては「ネガティブな変化」があるのです。2019年におけるソロキャンパーの割合は「9・4%」でしたが、2020年における「ソロキャンパー」の割合は「11・1%」でした。1年間で「1・7ポイント」の増加です。その点も、キャンプ場経営が危ういと言われる要因の一つです。

キャンプ場の稼働率は平均16・3％

キャンプ場の経営をおすすめしない2つ目の理由が「稼働率の低さ」です。日本オートキャンプ協会の「オートキャンプ白書2021」によると、2020年におけるオートキャンプ場の平均稼働率は「16・3％」であることがわかっています。

こちらも、旅館やホテルと比べて低いです。同じ2020年における客室稼働率は、「平均34・6％」でした。新型コロナウイルスの感染拡大という史上最悪の事態に見舞われながらも、キャンプ場よりは稼働率が高いのです。ちなみに、グランピングの稼働率は「50％程度」です（一般社団法人全国グランピング協会調べ）。もはや、比較できないほどの開きがあります。

以上の通り、宿泊ビジネスのうえで肝となる**「客室単価」と「稼働率」の観点で、キャンプ場の経営は「きわめて難易度が高い」**と、私は感じています。「アウトドアブームだ」「施設の管理が楽そうだ」といった理由で、キャンプ場の経営を始めるのは、危険です。私たちが想像する以上に、キャンプ場の経営は上級者向けのビジネスなのです。

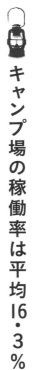

グランピングは「客室単価」がキャンプの20倍以上

キャンプ場は収益性がよくない。では、グランピングはどうでしょうか。

まずは「顧客単価」から検証してみましょう。

グランピングは業界的にも新しいため、グランピング施設の「顧客単価」に関する統計データを見つけることはできませんでした。そのため、グランピング関連のホームページを複数参照して、顧客単価をチェックしました。

結果、顧客単価は安くて「2万円程度」、やや高めな施設で「3万円程度」といった傾向でした。私たちが運営する「デュラクス」のグランピング施設の平均顧客単価も、2万5000円です。

デュラクスのグランピング施設のなかには、もともとオートキャンプ場だったところに作ったものもあります。キャンプ場だった頃は1サイト1000円、バーベキューセット800円といった価格設定で、顧客単価1000円ほどでしたが、グランピング施設にしたことで顧客単価が3万円になりました。**単純計算で顧客単価が30倍**になったのです。
施設の「利用人数」も見てみましょう。「グランピング市場調査結果の傾向と分析」（ＧＬＡＭＰＥＤＩＡ）によると、グランピングの平均利用人数は「3・5人」です。実は、グランピングは、顧客単価だけでなく平均利用人数も多いのです。

グランピングに足を運ぶ方々をみると、子ども連れのファミリー、トレンドに敏感な若い女性、カップルなど「複数人による利用」が95％以上。単なる宿泊ではなくグランピングだからこそ得られる「非日常体験」を求める人が多いからこそ、人気を博しているのではないかと思います。

グランピングの「客室単価（ＡＤＲ）」は、

平均的な顧客単価「2万5000円」で平均利用人数「3・5人」が利用した場合、「8万7500円／1泊」になります。1泊だけで、1サイトあたり9万円弱もの収益です。キャンプの客室単価が4314円ですから、収益性としては20倍以上の差があります。

コロナ禍を経て、キャンプは爆発的な人気を博していますが、収益性で見比べてみた場合、グランピングに軍配が上がるといってよいでしょう。ホテル・旅館についても、以下の表の通り、実際にはグランピングほどは儲けが出ません。これが、アウトドアブームのなかで、グランピングビジネスにチャレンジすべき理由の一つです。

キャンプ場／グランピング／ホテル・旅館の比較

	キャンプ場	グランピング	ホテル・旅館
顧客単価	1198円※	2万5000円	1万5670円
利用人数	3.6人	3.5人	2人
客室単価	4314円	8万7500円	3万1340円
稼働率	16.3%	50%	34.6%

※キャンプ場の客室単価の全国平均「4314円」を、平均利用人数「3.6人」で割った値を算出

GLAMPING

［Chapter 3-3］

温め続けてきた〝夢〟を叶えるグランピングビジネスの始め方

オーナーに向いている人は4パターン

「グランピングにビジネスチャンスがあることはわかった。資金もある」というだけで、このビジネスを始めることを、私はおすすめしません。それだけでは、誰かに感動や驚きを与えることができないからです。

大切なのは、「秘密基地を作りたい」と思う強い気持ち。自己資金が足りなければ、補助金（117ページ参照）を活用してもよいでしょうし、共同経営という作戦もありでしょう。

現在、デュラクスのサービスを使って業種・業態・事業規模を問わず、さまざまな方がグランピングビジネスのオーナーになっています。ホテル・旅館の一部にドームテントをアドオンする場合もあれば、自分の趣味を究めている方が「仲間の集まるコミュニティスペース」として用いるようなケースもあります。

ここでは、グランピングビジネスを始める方の「よくあるモデルパターン」について、詳しくご紹介したいと思います。全部で4つあります。

①ホテル・旅館・レジャー施設などを運営している経営者

もっとも多いのが、ホテル・旅館・レジャー施設などを運営している経営者の方が、敷地内の遊休地にグランピング施設を設置したり、業態転換したりするケースです。2020年から続くコロナの影響で、宿泊・観光業界は大打撃を受けているなか、収益の柱を増やすビジネスとして、グランピング経営が注目されています。

ホテルや旅館のほか、地方にあるテーマパーク、スキー場、ゴルフ場、キャンプ場などには、必ずといっていいほど遊休地があるものです。そうした場所にグランピング施設を作ることで、「第二の収入源」を作ることができます。

なかでも、テーマパークやスキー場の経営者の方は、グランピングを作るメリットが大きいです。ホテルや旅館と違って、実質的な稼働時間は朝から夕方までだからです。夜間はアイドルタイムですが、グランピングを作れば、このアイドルタイムにも、収益を生み出すことができます。

テーマパークやスキー場の顧客単価は飲食も含めて5000〜7000円程度ですが、グランピング施設の宿泊料金は2〜3万円のため、顧客単価が約4〜6倍になります。

遊休地に宿泊施設を作るという観点では、ホテルの建設も考えられますが、建設費や維持費が高額になってしまうのがネックです。ホテルの場合、初期投資で数十億円かかり、初期投資の回収には20〜30年ほどかかります。一方、グランピング施設（1棟）であれば、最低2000万円程度の資金で宿泊施設を作れるため、費用的な負担を最小限に抑えられます。宿泊施設として一般向けに貸出を行う場合、年間利回りは13.2％程度です（年間平均稼働率：45％を想定）。

ホテルや旅館、レジャー施設の場合、電気・ガス・水道のインフラが整備されているため、インフラ整備工事にかかわる費用がほとんどかからないことも、嬉しいポイントです。インフラ整備がほとんど不要な場合、最短で2ヵ月〜1年程度で事業をスタートできます。

以上に挙げたメリットから、遊休地を所有している経営者様には、グランピング経営をおすすめしています。

私たちは、テーマパークにグランピング施設を作ることを「テーマパークアドオン型」と呼んでおり、グランピングビジネスにおける魅力的なモデルケースの一つだと考えています。テーマパークアドオン型のグランピング施設としては、マザー牧場の施設内に2021年6月にオープンした「マザー牧場 GLAMPING THE FARM」や、2021年9月にオープンした「デュラクスアウトドアリゾート冒険の森やまぞえ」があります。「デュラクスアウトドアリゾート冒険の森やまぞえ」は、過疎化の進む中山間地域に作られたアスレチック施設「ボウケンノモリ やまぞえ」内にあります。大規模なアスレチック施設に併設されているため、ファミリー層の方々から高い人気を博しています。テーマパークの遊休地にグランピング施設を作ると、グランピング施設そのものが「集客装置」となって、より多くの人が遊びに来るようになります。そのようなことから、利点の多いモデルパターンだといえます。

②一般企業の経営者

デュラクスのグランピングは、一般企業の経営者の方々にも支持されています。目的は「人材採用」です。福利厚生施設や保養所として、グランピング施設を作ることで、採用を有利に進めたいというお問い合わせがにわかに増えつつあるのです。

少し前までは、赤坂や六本木などの都心にあるデザイナーズオフィスやインテリジェントビルを借りて、学生たちを惹きつけるような採用戦略が人気を博していました。ところが、コロナ禍のあおりを受けて、多くの大企業は、リモートワークを推進したり、オフィスを閉鎖・縮小したり、郊外に移したりするような動きが活発化しています。加えて、最近の学生たちは、都会のど真ん中にあるようなインテリジェントビルにさほど関心を示しません。「採用コスト」の観点で考えた場合、賢い選択肢ではなくなりつつあるのです。

そうしたなかで見出されたのが、福利厚生施設や保養所としてグランピング施設をもつことです。従業員の皆さんのエンゲージメントが高まり、離職率の低下にもつながるでしょう。

グランピング施設は、リモートワークやワーケーションをしたいときや、幹部が今後の方針を決める経営会議を行いたいとき、社員向けの研修や合宿を行いたいときにも活用できます。

私たちの会社では、グランピング施設でリトリートを行っています。「10年後の自分」など、何らかのテーマを決めて、将来的なキャリアビジョンを考えたり、社員同士で2時間くらい話し合ったりします。あるときは、一人ひとりが考えた10年後のビジョンを紙にまとめてタイムカプセルに入れて埋めました。なぜか社員と相撲したりもして、とても印象深い思い出になりました。

もう一つおすすめなのが、取引先の接待に使うことです。都会の喧騒を離れた郊外にグランピング施設を作ることで、ちょっとした旅行気分を味わえるため、取引先との距離を一気に縮めることができるのです。数時間かけてグランピング施設まで行き、大自然のなかで、一緒にごはんを食べ、サウナで汗を流して、日頃話さないような家族や趣味の話もする。そんな1日を過ごすと、とても仲良くなれます。

大都市圏の場合、繁華街にお連れするような接待には慣れてしまい、ほとんど営業上の効果をなさないことがあります。一方、グランピングのように、非日常をともにするような接待はなかなかありません。たった1回の接待でも、とても印象に残るため、他社と圧倒的な差別化を図れます。取引先と信頼関係を築きたいときや、大きなビジネスを前に進めたいとき、日頃の感謝を伝えるおもてなしを行いたいときなどに、とても強力な営業ツールになるでしょう。

また「商品の体験会」を行う場所として、グランピング施設を作る例もあります。一言でいえば、ファンマーケティングの一つとしてグランピング施設を活用するということです。「世界観を作りこんだファン体験会を行いたい」「ファンの記憶に残るイベントを定期的に行いたい」という場合に、グランピング施設が活用できるのです。

私たちも、デュラクスのグランピングに興味があるオーナー様に向けて1泊2日の体験会を開催しています。この体験会を通じて、デュラクスの理念をお伝えしています。

なお、一般的な企業の保養所のように「使わないときはクローズド」ではなく、一般のお客様にもグランピング施設として開放し、収益が得られるようにするのがおすすめです。グランピング施設のブランディングに成功すれば、大きな収益を得られるようになるでしょう。

「収入の柱を増やしたい」「家賃収入を得たい」という場合にも、グランピング施設の運営がおすすめです。運営スタッフの確保・教育がむずかしい場合には、委託運営をデュラクスが行うこともできます。

③郊外でレストランを経営しているオーナー

郊外でレストランを経営しているオーナーの方も、グランピングビジネスとの相性が抜群です。具体的には、レストランを「オーベルジュ」にするというものです。

オーベルジュとは、一言でいえば「宿泊施設つきのレストラン」です。緑が茂る郊外のレストランで、オーナーシェフが地元の食材を使ったランチやディナーを提供しつつ、夜にはそのまま宿泊もできるような施設などが挙げられます。

レストランのオーベルジュ化は、テーマパークやスキー場の事例と同じく、顧客単価を大幅に向上できる点で魅力的です。レストランの顧客単価は、3000～5000円程度かと思いますが、オーベルジュ化することで、宿泊と併せて2万5000円～3万5000円ほどの顧客単価になります。単純計算で、顧客単価が5～10倍ほど上がります。

オーベルジュ型のレストランは、カップルやファミリーで利用されることも多いです。ブランディングに成功すれば、大幅な増収が見込めます。「コロナ禍でレストランの経営が苦しい」「顧客単価を上げたい」と考えているオーナー様にも、グランピング施設の経営はマッチします。

④自分の趣味を究めている方

スキューバダイビング、釣り、野鳥観察、登山。これら4つのアウトドアレジャーには、共通点があります。それは、僻地《へきち》に足を運んで楽しむこともあるレジャーであるという点です。

例えば、私の知り合いには、著名なスキューバダイビングインストラクターがいます。彼は海を知り尽くしており、美しい熱帯魚が泳ぐ絶景スポットを熟知しています。そんな彼のもとには、当然スキューバダイビングファンが集まってきますが、僻地であるがゆえに、宿泊できるような場所がありません。そうした場合に、スキューバダイビング好きだけが集まる隠れ家のようなグランピング施設があれば、とても喜ばれるでしょう。オーナー自身も、自分だけの城で、大好きな趣味について語り合える場所があれば、趣味の楽しみが倍増するはずです。

皆でキャンプファイヤーの火を囲み、お酒を飲みながら、深夜までスキューバダイビングの体験について熱く語り合う――そんなたまり場があったら、ワクワクしますね。

海釣りの場合も同様です。「クエ」という大型魚は〝幻の魚〟と評される高級魚です。脂のりがよく、皮の裏側にあるプルプルとしたゼラチン質が美味しいといわれています。うすく縦縞模様のあるスズキの仲間で、一般的なサイズは60センチ程度です。大きい個体にもなると体長は1.5m、体重は50kg以上にもなることが知られています。

クエは一年中釣れますが、釣るのに高度な技術が必要な難易度の高い魚です。大物ともなれば、さらに難易度が高まるでしょう。

もしも、クエ釣りの初心者や、大型狙いの玄人に向けて「クエの釣り方」や「釣れるスポット」を教える「クエ釣り達人の宿」があったら、知る人ぞ知る人気スポットになるかもしれません。

特に、釣り人たちを迎え入れるゲストハウスのような「語らいの宿」を作れたら楽しいでしょう。釣り好きたちのために、海の生き物のオブジェを置いたり、釣り人たちが釣り上げた魚拓を壁に飾ったり。魚の水槽展示を行ってみるのも、おもしろいかもしれません。釣りと向き合う時間が、より豊かなものになるでしょう。

私の趣味も釣りです。黄金色に輝く鱗が特徴の怪魚「ゴールデンバラマンディ」を釣るために、スリランカまで足を運びました。釣り場は、熱帯雨林の奥地だったため、釣り場近くのアウトドアリゾートに宿泊することになりました。ゴールデンバラマンディを釣る人たちのためのアウトドアリゾートがあるように、コアでマニアックなファンたちが集うグランピング施設を作るのも、魅力的なアイデアの一つです。

夢なき者に、「秘密基地」は作れない

以上、グランピングビジネスにおけるオーナーのモデルを4パターン紹介しました。グランピング施設の経営というと「キャンプ場のオーナーが業態転換で始めるのだろう」と思う方が多いのですが、そんなことはありません。

業態転換して、新しいビジネスにチャレンジしてみたい。
採用のウリになる「保養所」としてグランピング施設を所有したい。
郊外の隠れ家レストランをオーベルジュにして、話題の宿にしたい。
趣味の仲間が集う「隠れ家」を作って、朝まで語り明かしたい。

このような夢を低資金で叶えられるのが、グランピングなのです。将来的には、グランピング施設を複数名で「共同所有」するような購入方式も作れたらと考えています。あなたも、心から安らげる〝サードプレイス〟を作って、第二の人生を謳歌しませんか？

熱狂的なファンを作るための方程式

最近はコロナの影響や娘の部活動が忙しいため、なかなか実現できていないのですが、家族3人で旅行に行くのが、我が家の恒例行事です。家族旅行の計画は私の役目なのですが、一つだけ心がけてきたことがあります。それは、1回の旅行で、できるだけ多くのスポットを巡り、満足感を高めることです。

私たちが頻繁に訪れるのは、コバルトブルーの海が美しい和歌山県の白浜です。パンダのほかに1400頭もの動物たちを間近で見られるアドベンチャーワールドや、「千畳敷」「三段壁」などの観光スポットに足を運びます。白浜旅行では、宿泊したホテルで、モノマネ芸人によるショーや、マジシャンが行うマジックを楽しむことも欠かせません。旅行の最後には、新鮮な魚介類をリーズナブルな価格で楽しめる「とれとれ市場」に立ち寄り、お寿司を食べて締めるのが定番の流れです。

毎回ほぼお決まりの流れですが、旅行中に、たくさん体験を詰め込んでいるため、1泊2日だったとしても、とても刺激的ですし、充実感があります。旅の思い出が印象的であれば、どんなに忙しくても、「楽しかった。また家族みんなで行きたいな」と思えるものです。私たち家族にとって、白浜は、家族の絆や結びつきを強めてくれるかけがえのない場所です。

そのとき、その場所でしか味わえない体験は、私たちに新鮮な感動をもたらします。

デュラクススイッチ（TypeE）——2400万円～

「デュラクススイッチ（TypeE）」は、1棟貸切型の高級コンテナハウスです。1つのグランピング施設に対して、1棟のコンテナを設置することで「貸切の宿泊施設」にすることを想定しています。イメージとしては、海外にあるバカンス専用の高級リゾート。高級感を極限まで追求しており、サウナ・ジャグジー・プールを設えるのが基本になっています。ドームテント同様、冷暖房を完備しているため、高級ホテルさながらの快適性も備えています。

それでいて、インフラ設備の工事が不要なオフグリッドタイプなので、無人島に設置す

※2022年12月完成予定

ることも可能です。「無人島に高級アウトドアリゾートを作りたい」という方の夢をかたちにできるグランピング施設です。

デュラクススイッチ（TypeM）――420万円～

トレーラーハウス型のグランピング施設です。車両タイプなので、クルマで通行するのが困難な場所でない限り、どこでも配置することができます。

「好きな場所に好きなタイミングで設置できる」という特徴から、春夏秋冬の季節ごとに、日本中の絶景を楽しむ観光プランを企画してみるのも、おもしろいかもしれません。例えば、春はサクラがきれいな場所にトレーラー

ハウスを停泊させてグランピング施設としてオープンし、夏は美しいビーチがある場所に停泊させて楽しんでいただくといった具合です。

季節だけでなく「イベント」を軸に、トレーラーハウスを利用するのもおもしろいと思います。例えば「ウミガメの産卵の見学ツアー」が考えられます。産卵シーズンである5月～8月頃のみ、期間限定で、その近くの宿泊施設として、トレーラーハウスを停泊させるといったアイデアです。その時期にしか味わえないイベントを軸にしてみると、活用方法は無限にあります。

このように、多くの可能性に満ちているのが、「デュラクススイッチ（TypeM）」なのです。

グランピング一棟で「年間1100万円」の売上も！

具体的な収支についても、明らかにしておきましょう。デュラクスのモデルケースとして、「ドームテント（1棟／5棟）」の場合と、無人島にもグランピングを作れる

「デュラクススイッチ（1棟）」の収支内訳表をまとめてみました。

客室単価（ADR）や稼働率は、施設によって異なりますが、年間を通じた平均としての「客室単価（ADR：5万7200円（客室あたりの宿泊者数：2・6人）〜7万2800円（客室あたりの宿泊者数：2・6人）」で、年間を通じた平均稼働率が「40〜45%」を想定した概算にて算出しています。参考になりましたら幸いです。

概算収支内訳表

	ドームテント		デュラクススイッチ（TypeE）
	1棟の場合 （※年間平均稼働率：45%）	**5棟の場合** （※年間平均稼働率：40%）	**1棟の場合** （※年間平均稼働率：45%）
初期費用 製品代、※施工費、FC加盟費	1980万円	6980万円	2980万円
収入（年額） 宿泊費、飲食代など	939万5100円	3758万400円	1195万7400円
経費（年額） 飲食費、リネン、アメニティ、運営費、フランチャイズ費、販促費、管理費など	677万6421円	2488万9984円	795万5079円
利益合計（年額）	261万8679円	1269万416円	400万2321円
年間利回り	13.2%	18.2%	13.4%

※稼働率は、宿泊客が実際に利用した客室数を全体の客室数から割り出した値です。
「客室稼働率（OCC）＝宿泊利用された客室数÷販売可能な客室数」
例えば、利用された客室数＝50室、販売可能な客室数＝100の場合、客室稼働率は50%です。
※施工費はインフラ（電気・ガス・水道）の状況によって大きく異なります。

資金調達は「補助金」を活用するのも手

資金調達がむずかしい場合には、国や地方自治体による補助金制度を活用してみるのもよいと思います。例えば、新型コロナウイルスの影響で経営が厳しくなった事業者の方々向けには中小企業庁が主導する「事業再構築補助金」という補助金制度があります。**新しい事業分野への進出や、業態転換に関する計画書を提出し、採択されれば「最大8000万円（最大補助率3／4）」もの補助金が受け取れます。**

例えば、ホテルや旅館のオーナー様の場合、コロナで売上が減少していることを証明しつつ、グランピングビジネスへの進出に関する計画書を提出し、採択されれば、補助金が受け取れるかもしれません。第1回目の公募（通常枠）における採択率は「30・1％」で、第5回目の公募に至っては「39・6％」でした。約3人に1人が採択されていると考えれば、そう悪くない割合ですね。補助金の申請サポートについてお困りのことがあれば、お気軽にご相談ください。

グランピング経営は「節税効果」が大きい

ドームテント1棟の場合、想定利回りが「13.2%」です。不動産投資などと比べても、数倍以上の利回りが期待できる点でたいへん魅力的です。しかし、グランピングのメリットはこれだけにとどまりません。それは「中長期にわたって節税効果が得られる」ということです。

グランピング事業の初期費用の大部分を占めるのが「基礎工事（ウッドデッキの敷設）」や「インフラ工事（電気・ガス・水回り・上下水道など）」です。設置場所によって異なりますが、少なく見積もっても、初期投資費用の60%程度を占めます。

意外と知られていませんが、これらの**工事費の減価償却年数は「15年」に設定されています。**これだけの長期間、節税効果が得られるのは、経営者の方々にとって嬉しいポイントではないでしょうか。

「テント工作物」だから建築確認は不要

資金面もさることながら、もう一つ、グランピングビジネスへの参入ハードルを下げているのが、「建築確認不要」という要素です。

通常、ホテルや旅館の営業許可を受けるためには、「建築基準法」を満たした建物を作らなければなりません。建築基準法とは、建築物の構造・設備・規模・用途などについて規定した法律のことです。建築基準法に則った建物かについて確認することを「建築確認」といい、これをクリアできなければ、ホテルや旅館を営業できないのです。日本の場合、この建築確認のハードルが高いことで有名です。

例えば建築基準法の第43条には「接道義務」というものがあります。建物を建てる場合、幅が４ｍ以上ある道路に２ｍ以上接していないと建物を建てられないというものです。ホテルや旅館を建てる際には、これ以外にも、さまざまな建築確認が必要なため、営業許可のハードルは高いです。

一方、グランピングは「テントを用いた施設である」という特徴から、建築確認が不要になるケースがほとんどです（建築指導課の判断によって、建築確認が必要になるケースもあります）。

なぜテントは、建築確認が不要なのでしょうか。それは、ホテルや旅館などの建築物と違い「比較的容易に撤去できる」からです。**建築確認が不要になるためには「簡単に撤去できる」という要件があります。具体的には「2人で90分程度」というのが一つの指標です。**

また、テントは建築物と違って基礎がありません。「台風や大雪などの非常時にすぐに撤去できる」という点から、建築確認が不要になるのです。実際に、豪雪地帯のグランピングテントは撤去される事例もあることから「設置物」とみなされることが多いです。

このような点から、グランピングは、建築確認が不要で事業を始められるのです。これは、ホテルや旅館などの建築物にはない際立った特徴です。**建築確認が不要であると判断された場合、接道義務などのハードルが取っ払われるため、ある程度自由に、どんな場所でもグランピング施設を作ることができます。**

鬱蒼と樹木が生い茂り、川のせせらぎや小鳥たちのさえずりが聞こえる静かな場所。

川釣りファンが集まる知る人ぞ知る極秘スポット――グランピングであれば、そのような場所にだって作れる可能性があります。自分だけの隠れ家を作りたい方にとって、これ以上にないアドバンテージではないでしょうか。

【Chapter 4-2】

アドバイザー選びのポイントは「スタッフ教育」&「コンセプト作り」&「イベント企画・運営力」

始めるならフランチャイズオーナーから

グランピング事業を始めたいと思ったときに、立ちはだかるのが「何から始めたらいいのか？」ということではないでしょうか。多くの場合、以下のような疑問が湧いてくるものです。

◎どんなコンセプトのグランピング施設にすればいい？

◎土地探しをしたいが、方法がわからない…

◎手元資金がない場合の資金調達方法は？
◎スタッフはどうやって集めればいいの？
◎ホスピタリティあふれるスタッフはどう作る？
◎稼働率を高めるには、どんな工夫をすればいいの？
◎効果的な集客方法が知りたい
◎お客様に喜ばれる料理のメニューは？
◎インテリアや寝具はどんなものを選べばいい？

こうした疑問を、一つ一つ解消しなければなりません。しかし、インターネットやセミナーなどで得られる情報は、きわめて限定的なものです。そうしたときに役立つのが、プロのアドバイスです。グランピング事業の立ち上げ経験が豊富なプロに「実践的で役立つ業務マニュアル」を提供してもらったり、一緒に許認可申請を行ってもらうなど、手取り足取りサポートしてもらうのです。困ったときに相談できれば、心理的なハードルも下がるため、安心して事業をスタートできます。

グランピングに限った話ではありませんが、1から10まで自分で準備するのは非効率なうえ、失敗の確率を高めてしまいます。グランピングビジネスを始めたいと思ったら、まずはフランチャイズオーナーを募集している事業者を探すのがおすすめです。私たちも、高級グランピングに興味があるフランチャイズオーナーの方を随時、募集しています。グランピング施設の立ち上げに必要なサポートを一気通貫でご提供しているため、最短２ヵ月〜1年程度で事業をスタートすることが可能です。

真心と魂が込められた「スタッフ教育」

さて、グランピング事業者を探すときには、何をチェックすればよいのでしょうか。チェック観点はさまざまありますが、とりわけ重要なのは「スタッフ教育のノウハウ」です。スタッフ教育に力を入れているグランピング事業者であれば、あなたのグランピング施設は成功する可能性が高いといえます。なぜならば、**お客様が再訪するか否かは、結局のところ「スタッフのホスピタリティ」が最終的な判断材料になりやすい**からです（もちろん、施設や立地の魅力、食事のおいしさなどにこだわるのは最低限必要なことです）。

土地を購入できた、グランピング用のテントを設置できた、許認可申請も完了したとなっても、接客するスタッフの教育は、想像する以上にむずかしいことです。選ばれ続けるグランピング施設を作るためには、スタッフ教育に力を入れているグランピング事業者を選ぶようにしましょう。

私たちも、スタッフ教育に力を入れています。それが、お客様から寄せられる口コミにも如実に表れています。これは本当に嬉しいことです。

グランピング施設の「ホスピタリティ」を高めるうえで、私が参考にしたのはザ・リッツ・カールトンの企業理念「ゴールドスタンダード」です。ゴールドスタンダードとは、ザ・リッツ・カールトンのスタッフが大切にすべき接客態度や信条をまとめたものです。もっとも重要なパートの一つである「クレド」には、次のように書かれています。

クレド

リッツ・カールトンはお客様への心のこもったおもてなしと快適さを提供することをもっとも大切な使命とこころえています。私たちは、お客様に心あたたまる、くつろいだ、そして洗練された雰囲気を常にお楽しみいただくために最高のパーソナル・サービスと施設を提供することをお約束します。

リッツ・カールトンでお客様が経験されるもの、それは感覚を満たすここちよさ、満ち足りた幸福感そしてお客様が言葉にされない願望やニーズをも先読みしておこたえするサービスの心です。

出典：ザ・リッツカールトン「企業理念『ゴールドスタンダード』」

クレドで重要なのは、お客様の願望やニーズの先読みです。直接、こうしてほしい、ああしてほしいと要望を伝えられる前に「こんなことに困るかもしれない」「こうしたらお客様が喜ぶかもしれない」と考え、適宜対処することが大切です。

例えば、ポカポカと暖かく晴れた日の場合。ドームテント内ではなく、外でモーニングを食べたほうが気持ちいいですよね。そんなときには、サンドイッチとドリンクをバスケットに詰めてお渡しし「お外で食べると気持ちいいですよ。あそこの芝生は日陰になっています」などとお伝えするようなお声がけが考えられます。ほんの些細な心遣いですが、このような声がけをされたら、あなたはどう感じるでしょうか。人によって感じ方は異なると思いますが、悪く思う人はいないはずです。むしろ「気が利くな。私たちのことを考えてくれているんだな」と思うのではないでしょうか。その時々のシチュエーションに応じて、臨機応変にベストだと思う方法でコミュニケーションをとる。それが、デュラクスで大切にしているスタッフ教育の理念です。

ザ・リッツ・カールトンの「ゴールドスタンダード」には、見習いたい素晴らしいところがもう一つあります。それは「モットー」です。

モットー

ザ・リッツ・カールトンホテルカンパニーL.L.Cでは「紳士淑女をおもてなしする私たちもまた紳士淑女です」をモットーとしています。この言葉には、すべてのスタッフが常に最高レベルのサービスを提供するという当ホテルの姿勢が表れています。

出典：ザ・リッツ・カールトン「企業理念『ゴールドスタンダード』」

特に素晴らしいのが「紳士淑女をおもてなしする私たちもまた紳士淑女です」とい

う一節です。言い換えれば「ホテルマンであるあなたのなかに〝紳士淑女の心〟を宿しなさい」ということではないでしょうか。

どんなに表面上繕っても、心の中が淀んでいたり、面倒くさいことを避けるような精神性であれば、お客様のことを労わることはできないでしょう。そのことをリッツカールトンはよく理解しているように思います。お客様を感動させるようなホスピタリティは、ホテルマンの心が生み出すものである。そんな哲学が垣間見えて、素晴らしいなと思いました。

魅力的な「コンセプト作り」

手前味噌にはなりますが、全国的にデュラクスのグランピング施設が増え続けているのには、スタッフ教育以外にも理由があるように思います。

一つは「魅力的なコンセプト作り」を徹底的にサポートしていることです。お客様に喜んでいただけるようなグランピング施設を作るには、コンセプトをしっかり作りこむことが大切です。デュラクスのグランピング施設のコンセプトの軸になるのは「ラグジュアリー」や「アウトドアリゾート」といったキーワードですが、それに加えて、施設ごとにオリジナルのコンセプトを開発することで、集客に役立てています。

例えば、**森林が鬱蒼としていて、周りに商業施設が何もなく、都市から2〜3時間ほど遠く離れているような立地にグランピング施設を作りたい場合。「どんなに遠方でも、このグランピングに宿泊したい！」と思われるような強いコンセプトが必要**です。この場合、「知る人ぞ知る隠れ家グランピング」といったコンセプトにするのが一つの考え方です。

カナダのバンクーバー島にある「Clayoquot Wilderness Lodge」は、世界有数のアウトドアリゾート・グランピング施設です。このグランピング施設にたどり着くには、水上飛行機かボートを使わなければなりません。「秘境」と表現できますが、見方を変えれば、誰も寄り付かない「僻地」と表現できるような場所です。このような場所を、都市圏から離れた〝アクセスの悪いグランピング施設〟だとみなすか。それとも〝誰も知らない秘境にある隠れ家グランピング〟だと定義するか。その判断が、グランピング施設の命運を大きく分けるように思います。だからこそ、コンセプト作りが重要なのです。

コンセプトに沿ったグランピング施設を作るには、グランピング施設の棟数、立地、内装に至るまで徹底的に考え抜かなければなりません。グランピング施設を構成する一つひとつの要素を串刺しにするコンセプトの良し悪しで、人気のグランピング施設になるか否かが、決まります。

まずは、あなたが作りたいグランピング施設のイメージを自由にお聞かせください。そのうえで、集客効果を高めるためのコンセプトをご提案させていただきます。二人三脚で、魅力あふれるグランピング施設を作りましょう。

独創的な「イベントの企画・運営力」

「イベントの企画・運営力」も、デュラクスが選ばれている理由の一つかもしれません。大人向けのパーティイベントやホラーイベントのほかに、完全オーダーメイドのお祝いプランの企画・運営も手がけています。私自身、ワクワクドキドキさせることに命をかけていますから、他のグランピングメーカーに負けない自信があります。

デュラクスの期間限定イベント

大人パリピデイ

「デュラクスアウトドアリゾート京丹後久美浜LABO」では、大人が深夜まで、大音量の音楽で踊ってはしゃげる「大人パリピデイ」を開催可能。DJが繰り広げる音楽と、スモークやシャボン玉の演出で「光と音の世界」を思う存分堪能できる

最恐ホラーイベント

「デュラクスアウトドアリゾート京丹後久美浜LABO」では、2021年の秋季限定で、ホラーイベント「飢鬼の森～人喰い鬼が蔓延る森から生還しろ!!～」を開催。スタート地点から歩いてゴールまで目指すウォークスルー型のアトラクションを楽しんでいただく

お客様のご要望に応じてオーダーメイドで企画する記念イベント

記念イベント

○結婚式　○結婚記念日プラン（銀婚式、金婚式も含む）
○誕生日プラン　○七五三　○長寿祝い（還暦、古希、喜寿、傘寿、米寿）
○入学・入園祝い　○卒業祝い　○就職祝い　○定年退職祝い
○開店・開業祝い　○新築祝い　○快気祝い

プラスアルファの付加価値の創造で、一生モノのファンを作る。これが、デュラクスならではの強みだと自負しています。

「ファン」の存在をどう定義するのか。人によってさまざまな考えがあると思いますが、一つの指標は「再訪率」です。お客様が2回、3回と繰り返し訪れてくださることが、大きなポイントになります。手前味噌で恐縮ですが、デュラクスのグランピング施設の場合、大手旅行予約サイト等に投稿されているお客様の口コミには「次は夏か秋に訪問したい」「来年の6月頃に再訪します」「また行きます!」「星空が見たいので今度は晴れの日にお伺いしたい」など、再訪の意思が感じられるポジティブなコメントが多数寄せられています。

大切な家族や友人と一緒に、また訪れたいと思えるグランピング施設か。
大切な家族や友人の「記念日」や、大切な取引先への「おもてなし」を行う場所として、真っ先に思い浮かぶグランピング施設か。
みんなに「ここ、よかったよ!」とすすめたいグランピング施設か。

こうした問いに対して「YES」とうなずけるだけの自信をつけることが大切だと、私は考えています。それが、ファンを作るということです。

GLAMPING Chapter 5

LET'S GET OUTDOORS!
GLAMPING

最短2ヵ月！
開業までの7STEP

Chapter 5-1

候補地と予算に合ったレイアウトを事務作業もお忘れなく

STEP1 土地確認（グランピング施設の候補地探し）

先述の通り、グランピングは建築確認が不要になることが多いため、営業許可のハードルはグッと低くなります。グランピングの場合、以下の手順を踏んでいくことで、最短2ヵ月〜1年程度、7STEPで営業をスタートできます。実際の流れについて、説明していきましょう。

最初に、ドームテントなどのグランピング施設を設置する土地を探します。土地に関する情報サイトや法務局のホームページなどを確認して、利用可能な場所を探します。一般的には、海・山・湖の目の前など、自然を肌で感じられる場所だと集客に有利です。日常の喧騒を忘れて、自然に身をゆだねたいと思う方が多いからです。

加えて**重要なのが「インフラの有無を確認する」ことです。電気・ガス・水道などのインフラが整っていない場所の場合、その造成に数百万円〜数千万円もの費用が発生する可能性がある**からです。

電気や水道を自給自足できる「デュラクススイッチ」の場合には、インフラ環境が整っていなくても問題ないケースがほとんどです。「インフラ設備がない無人島でグランピングをしたい」という場合には、デュラクススイッチがおすすめです。

最後に、グランピングができる「地目」や「用途地域」かも要チェックです。

「地目」とは、登記されている土地の用途のこと。さまざまな種類があり、基本的には「宅地」と「山林」がグランピング施設の候補地となります。「田」「畑」は農地転用の届け出が必要となります。必ず最新の地目と所有者の確認が必要です。

「用途地域」とは、用途に応じて分けられたエリアを指し、建てられる建物等の種類や大きさなどの制限があります。基本的に「市街化調整区域」にグランピング施設を作るのは難しい、と心得ましょう。

STEP2 ラフレイアウト＆見積書の作成

候補地を絞り込んだら、土地の概要がわかる資料を元に、テントやコンテナハウスを設置するレイアウトを作成します。「客室と客室の間が詰まりすぎていないか」「どの客室も自然を堪能できるレイアウトになっているか」などについて確認します。ラフレイアウトをもとに、概算の「見積書」と「収支イメージ」も作成して、予算感をお客様と共有します。

候補地例

ラフレイアウト

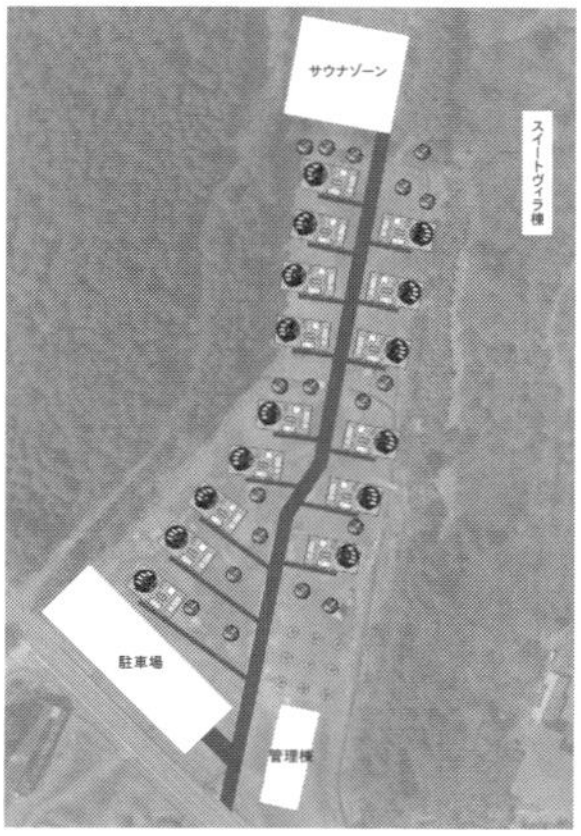

STEP3 都市計画課/土木事務所への「建築確認」

続いて行いたいのが「ドームテントやトレーラーハウスの設置確認」です。**地域の「都市計画課」や「土木事務所」の判断によって、建築確認が必要になる場合があります。**そのため、事前に「テントは工作物、トレーラーハウスは車両である(=建物ではない)」という認識のすり合わせを行っておくことが大切です。ポイントは以下の点です。

トレーラーハウスの定義

◎ライフライン用の配線・配管設備が手で取り外せる「着脱式」になっている
◎宿泊設備はいつでも移動できる大きさ/形状/設置である
◎(トレーラーハウスの場合)移動時に障害になるような階段・ポーチ・ベランダ・柵などがない

テント工作物の定義

◎簡単に取り外しができる
◎年中常設はしない

STEP4「簡易宿所営業許可」の取得

「建築確認は不要」との判断が下されたら保健所にて「簡易宿所営業許可」の取得を行います。簡易宿所営業許可は、グランピングを始めるような場合に必要な許認可申請です。

利用者が自分でテントを張って宿泊する以外、そもそも宿泊できる設備を設置するには、「旅館業営業許可」が必要です。旅館業営業許可には「簡易宿所営業」と「旅館・ホテル営業」の2種類があり、グランピング施設の場合は、左図のようにフロント規制がない「簡易宿所」が最適だと言えます。なお、浴場やサウナを、宿泊者以外に貸し出す場合には「公衆浴場の営業許可」も取得する必要があります。

簡易宿所営業と旅館・ホテル営業の構造設備基準

	簡易宿所営業	旅館・ホテル営業
客室床面積 延べ床面積	**33㎡以上** (宿泊者の数を10人未満とする場合には、3.3㎡に当該宿泊者の数を乗じて得た面積以上)	**7㎡以上/室** (寝台がある場合は9㎡以上/室)
玄関帳場 (フロント)	**規制なし** (国の法令上の規制はないが、条例で基準化しているケースがある)	宿泊しようとする者との面接に適する玄関帳場(フロント)または玄関帳場代替設備を有すること
入浴設備	近接して公衆浴場がある等入浴に支障をきたさないと認められる場合を除き、適当な規模の入浴施設を有すること	
換気等	適当な換気、採光、照明、防湿及び排水の設備を有すること	
その他	都道府県(保健所を設置する市又は特別区にあっては、市又は特別区)が定める構造設備の基準に適合すること	

2018年6月　厚生労働省 医薬・生活衛生局生活衛生課

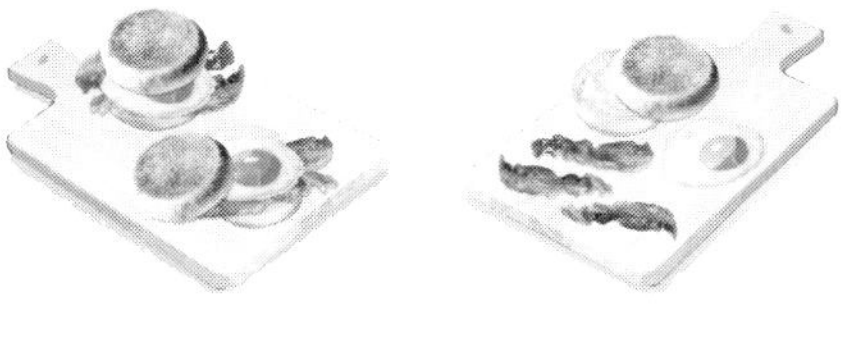

構造設備基準

●客室の延床面積は、33㎡（宿泊者の数を10人未満とする場合には、3.3㎡に当該宿泊者の数を乗じて得た面積）以上であること

●階層式寝台を有する場合には、上段と下段の間隔は、おおむね1m以上であること

●適当な換気、採光、照明、防湿及び排水の設備を有すること

●施設に近接して公衆浴場がある等 入浴に支障をきたさないと認められる場合を除き、宿泊者の需要を満たすことができる規模の入浴設備を有すること

●宿泊者の需要を満たすことができる適当な規模の洗面設備を有すること

●適当な数の便所を有すること

●その他都道府県が条例で定める構造設備の基準に適合すること

STEP5

「消防法令適合通知書」の交付申請

実際の手続き順序は逆になりますが、ＳＴＥＰ４の「簡易宿所営業許可」を取得す

るためには、消防法令適合通知書が必要となります。

「消防法令適合通知書」とは、消防法上、問題のない宿泊施設になっていることを証明するものです。消防法は、火災や震災による甚大な被害を防ぎ、国民の生命や財産を守るために作られた法律です。

収容人数や延べ床面積に応じて、火災報知器、防火対応（カーテン、じゅうたんなど）、誘導灯、消火器などの設置が義務付けられています。こちらは消防設備会社に申請や必要設備の設置対応をしてもらうのがスムーズでしょう。

STEP6 （必要に応じて）「林地開発許可」の取得

土石の採掘や林地以外への転用など、土地の形質を1ヘクタール以上変える場合（＝森林を1ヘクタール以上伐採する場合）、「林地開発許可」を取得する必要があります。伐採面積が1ヘクタール以下の場合でも、造林計画の役所の森林保全係（林業振興課）への届け出が義務付けられています。該当する場合には、忘れずに届け出を提出しましょう。

STEP7 （必要に応じて）「酒類販売業免許」の取得

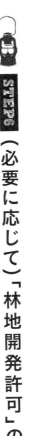

瓶や缶に入ったアルコール類を販売する場合には「酒類販売業免許」を取得する必要があります。販売所の所在地を所轄する税務署に免許の申請を行いましょう（お酒を紙コップなどに注いで提供したり、食事の一部としてグラスに注いだアルコールを提供する場合、免許は不要です）。

グランピング着工までの流れ

PHASE-1 土地確認

- ☑ グランピングに適した場所か？
- ☑ 候補地の土地にてグランピングができるか？
- ☑ 地目確認、所有者確認（法務局）
- ☑ インフラ（上下水道、電気など）確認

▼

PHASE-2 ラフレイアウト作成

- ☑ 候補地に対して、イメージ図の作成
- ☑ 現地確認 or Google Mapを元に作成

▼

PHASE-3 見積り&収支イメージ

- ☑ ラフレイアウトの概算見積り
- ☑ 施設の収支イメージをシェア
- ☑ 想定内の場合は具体的に計画を進める

▼

PHASE-4 行政確認

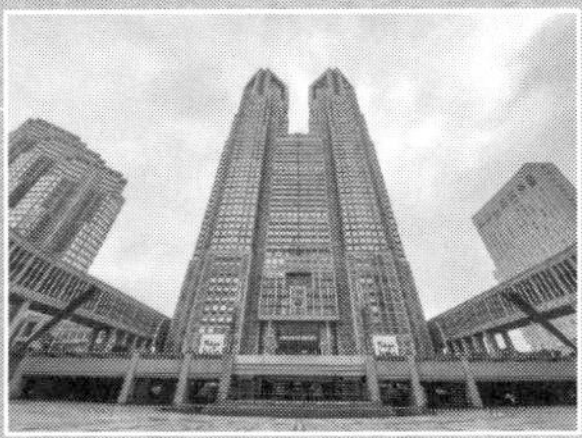

- ☑ テント＝工作物として理解いただけるか？
- ☑ 簡易宿所、消防適合検査の事前相談
- ☑ 開発許可、確認申請、建築許可などの有無

PHASE-5 現地確認

- ☑ 現地に出向き土地適正の調査
- ☑ コンテンツ発掘、地域連携の可能性など

PHASE-6 図面＆見積り作成

- ☑ 現地調査を元に詳細図面の作成
- ☑ 予算に合わせた見積り提出

PHASE-7 事業計画書

- ☑ 資金調達のための事業計画書作成支援
- ☑ 事業計画書のひな型を提供
- ☑ 事業収支シミュレーションの支援

Chapter 5-2

意外な落とし穴！8つの大きな注意点＋α

落とし穴◉1 「市街化調整区域」は基本的に営業不可

これまで、グランピングビジネスの魅力やメリットを中心にご説明しましたが、注意点もあります。注意点を把握したうえで、しっかりと対策すれば、失敗のリスクを最小限に抑えることができます。ここでは、代表的な注意点を8つご紹介しましょう。

グランピングは、建築確認が不要であり、民泊と同じ「簡易宿所営業許可」が取得できれば、最短2ヵ月〜1年程度で営業をスタートできるとお伝えしましたが、土地を購入してもグランピングを始められないことがあります。

一つは「市街化調整区域」です。市街化調整区域とは、都市化を最小限に留めるエリアのことです。このエリアでは、商業施設や住宅の建築が原則として認められていません。**交通量が少なく、グランピング施設を作るのに最適な土地だとしても、その周辺一帯が市街化調整区域ならば、営業ができない**のです。オーナー様が「ここでグランピングを始めたい」と思っても、実際には市街化調整区域だったというパターンは、意外と多いです（地方自治体によっては、審査に通過すれば、建物の建設が認められる場合もあります）。

しかしながら市街化調整区域でもグランピング事業が始められるケースがあります。それは、トレーラーハウスのような車両をグランピング施設として用いる場合です。「建築物」ではなく「車両扱い」にできれば、グランピング施設を設置できる場合があるのです（地方自治体の判断に依るため、100％ではありません）。シャワールームやお手洗いなどの水回りの設備も同様です。シャーシ（車台）に載せれば、建築物ではないとみなされるため、市街化調整区域でもグランピングビジネスをスタートできる可能性があるのです。

本書では、トレーラーハウス型のグランピング施設として「デュラクススイッチ（T

ypeM)」を紹介しています。TypeMの場合、シャワーやお手洗いなどの水回り設備は循環式です。飲み水も貯水した「雨水」を飲料水に変換する装置を用いるため、配管を引っ張ってくる必要がありません。

デュラクスならば、市街化調整区域でもグランピング事業を始められるかもしれません。気になる土地があれば、ぜひご相談ください。

落とし穴◉2 「インフラ整備費」に数千万円かかる秘境

土地を購入してもグランピングを始められないもう一つのパターンが「インフラ整備が必要な場所」です。気に入った土地を見つけたが、インフラ整備にお金がかかりすぎるため、断念せざるを得ないケースがあるのです。

このようなケースに該当しやすいのは、住宅や山小屋、売店などの建物がほとんどないような山奥です。**造成工事だけでなく、上下水道や電気、電話、インターネットの開通工事が必要になる場合、数千万円単位の予算が必要になる場合があります。**

「無人島にグランピング施設を作ってみたい」という場合も同様です。船着き場を作ったり、道路や樹木の整備を行ったりする必要があります。そのような場合には、数千万円〜数億円もの費用が必要になるでしょう。未開拓の山奥や無人島は、金銭的に余裕がない限り、実現するのはむずかしいのが一般的なのです。

しかし、こういったパターンも、デュラクスのグランピング施設であれば解決できます。グランピング施設「デュラクススイッチ（TypeM）」や「デュラクススイッチ（TypeE）」は、電気や水道などを自給自足できるオフグリッド式の施設だからです。

「日常の喧騒から離れた場所に秘境リゾートを作って楽しんでもらいたい」
「誰もいない無人島の絶景を独り占めしたい！」

こんな思いがある方は、デュラクスのグランピング施設がピッタリだと思います。

落とし穴◉3 ハザードマップのチェックが重要

日本は災害大国として知られています。日本の国土面積は全世界の1%ほどにもかかわらず、**世界で起こる地震の約20%は日本で発生しています。また、自然災害に起因した損害額も、全世界の20%以上を占めています。**災害大国の日本でアウトドアレジャー施設を作る場合、災害対策はとても重要なポイントだといえます。

とりわけ「災害が起こりにくい立地」を選ぶことが大切です。参考になるのが、ハザードマップです。ハザードマップというと地震や水害の生じやすい場所を示した地図が有名ですが、実際には9種類ほどあります（すべての市区町村で、全種類のハザードマップが用意されているわけではありません）。

デュラクスでも、ハザードマップのチェックを行っています。グランピング施設の候補地がみつかったら、万が一の事態に備えて、災害の発生リスクや緊急時の避難場所を把握しておきましょう。

・・・ 9種類のハザードマップ ・・・

① 洪水ハザードマップ

記録的な大雨による堤防の決壊などにより、浸水する可能性があるエリア（洪水浸水想定区域）や、浸水被害が生じた場合の深さ、緊急時の避難場所などが記された地図。

② 内水ハザードマップ

大雨が降ったときに、下水道管や水路、側溝、マンホールなどから水があふれ出す可能性がある区域や浸水被害が生じた場合の深さなどが記された地図。

③ 津波ハザードマップ

津波が発生した際に、浸水する可能性があるエリア（浸水予想区域）や、浸水被害が生じた場合の深さ、緊急時の避難場所などが記された地図。

④ 火山ハザードマップ

火山の噴火によって起こる災害の到達範囲、避難場所、緊急連絡先などを記した地図。

⑤ 土砂災害ハザードマップ

大雨が降った際などに、土砂崩れの恐れがある場所や危険度、雨量などを示した地図。

⑥ 地震ハザードマップ

巨大地震が生じた際の震度をエリアごとに示した地図。

⑦ 高潮ハザードマップ

高潮とは、発達した低気圧や台風などにより高波が発生して、海面の水位が異常に上昇すること。満潮時に高潮が生じると大きな被害を及ぼすことが多い。高潮ハザードマップは、最大規模の高潮（中心気圧910hPa 最大旋衡風速半径75km 移動速度73km/h）が生じた場合の浸水区域と継続時間を示した地図。

⑧ 大規模盛土造成地マップ

地震によって、民家の地盤が崩れることで、居住者に被害をもたらす可能性が大きい場所を示した地図。

⑨ 深層崩壊ハザードマップ

深層崩壊とは、深い場所にある地盤ごと土砂崩れすること。深層崩壊ハザードマップは、過去に深層崩壊が発生した場所や発生するリスクが高い場所を示した地図。

災害対策として「天災に強いテント」を選ぶことも大切です。山は気候が変動しやすいため、突発的に大雨が降ったり、強い風に見舞われたりすることがあるからです。おしゃれさだけを重視したコットンテントの場合、お客様を別の場所に非難させなければならないでしょう。テントが乾くまで、テントへの宿泊も中止しなければなりません。濡れた状態を放置していると、カビが発生することも。おしゃれさだけでテントを選ぶのは危険なのです。

ドームテントの場合、完全防水仕様になっているため、大雨のたびにテントを撤去するような必要はありません。三角形に組んだフレームの構造体により、とても丈夫だからです。大雨が発達して台風に見舞われたとしても、びくともしません（独自に開発したオリジナルの台風対策キットも、無償でご提供しています）。

なお、ドームテントは集客の観点でもおすすめです。緑が生い茂る大自然に、ドーム型のテントはなんともいえない近未来感があり、ＳＮＳ映えするからです。自然に溶け込むコットンテントとは、違ったおもしろさがあるのです。グランピングの予約サイトなどに宣材写真として用いたり、インスタグラムに投稿すれば、多くの人から注目されて、集客に役立つでしょう。

落とし穴◉4 野生生物や虫の駆除は基本中の基本

グランピングの場合、キャンプ以上に「野生生物や虫の駆除対策」が必要です。キャンプの場合、野生生物や虫と遭遇するものだと思われていますが、グランピングの場合には、対策をしないとクレームに発展する場合があるからです。あるグランピング施設では、テント内にカメムシが発生していることが、お客様のクレームにつながったようです。**アウトドアレジャー施設とはいえ、グランピングはキャンプと違ってホテル並みの快適性が求められているから**でしょう。お客様が不快な思いをしないような施設を作る「ホスピタリティの心」を忘れないようにしましょう。

一つの対策としては、ドームテントの活用です。機密性に優れているため、虫の侵入をシャットアウトできます。加えて、グランピング施設の周辺にある蜂の巣は、あらかじめ取り除いておくことも有効な対策の一つです。

クマやシカなどの獣の侵入を防ぐためには、金網や電気柵を設置するのがおすすめです。獣は人の存在を恐れているため、自らグランピング施設に近づいてくるケースは少ないですが、念には念を入れましょう。安全対策もグランピングにおけるホスピタリティの一つに位置づけたいですね。

落とし穴◉5 騒音クレームに対する先手の打ち方

グランピング施設を作る場合、お客様が出す騒音の対策が必須です。別棟に宿泊しているお客様や、近隣に住んでいる住民の方々が不快な思いをされる場合があるからです。デュラクスでは、夜間の騒音を防ぐために「消灯時間」を定めています。多くの施設では「9時消灯」のルールをお客様にお伝えしています。

夜間のイベントやパーティ、結婚式などを実施する場合には、大声を出さないよう、あらかじめお客様に周知することも大切です。

もう一つの対策は上質な空間作りです。大衆居酒屋では、酔っぱらって悪ノリする人がいても不思議ではありませんが、高級ホテルで騒ぐ人はそうそういません。それと同じように、グランピング施設をキャンプの延長線上ではなく、アウトドアリゾート・グランピングとしての空間、ホスピタリティ、空気を作り上げることで、お客様も悪ノリをしなくなります。

落とし穴◉6 グランピング施設は「立地」も重要

実際に施設を作ってみないとどれほど集客できるかは未知数です。そのため、「もともと集客ができる場所」にグランピング施設を作ることが大きなリスクヘッジになります。

例えば、香川県にある「直島」は町中がアート作品であふれている人気の観光スポットです。直島には、世界的に有名な草間彌生さんの赤いかぼちゃのオブジェや、建築家・藤本壮介さんのアスレチック作品「直島パヴィリオン」、現代アーティストである大竹伸朗さんの「I♡湯」など、イマジネーションを掻き立てられる魅力的なアート作品がたくさんあります。

Z世代の若者だけでなく、アートに関心がある老若男女に加えて外国人観光客にも人気があり、2019年における観光客数は75万1309人に達したそうです。14.22㎢ほどの小さな島にもかかわらず、これほどの集客力があるのは、驚くべきことです。直島のように、もともと多くの観光客が訪れる場所にグランピング施設を作れば、集客が見込めるでしょう。

立地は「商圏人口」の観点でチェックすることも大切です。デュラクスでは商圏人口を「都市からクルマで1時間半以内の距離に住む人の数」と定義しています。この商圏人口が多い場所に作ることで、集客がしやすくなります。

クルマや電車で向かう場合、都市から2時間以上かかる場所はちょっとした旅行のため、フラッと気軽に行けなくなります。「都市から少し離れているけれど、比較的アクセスがいい」と思えるような絶妙な距離が「1時間半以内」であり、そうした場所であれば、それなりの集客が見込めるのです。

なお、**アクセスがよくない場所だとしても、観光客が多いテーマパークの近くやテーマパーク内などであれば、集客が見込めるため、商圏人口をそれほど気にしなくても大丈夫**です。例えば、伊豆シャボテン公園内には「伊豆シャボテンヴィレッジ」というグランピング施設があります。この場合、伊豆シャボテン公園に遊びに来る観光客の方々の宿泊が見込まれます。

マンガや映画のファンは、作品の舞台になっている場所に遊びにいく「聖地巡り」を行うため、「聖地」と呼ばれる場所の近くにグランピング施設を作るのもいいアイデアだと思います。例えば「鬼滅の刃」の場合、主人公の炭次郎が真っ二つに斬った「一刀石」にそっくりな石がある奈良県の「天之石立神社」の近くにグランピング施設を作るといった具合です。

いずれにせよ、グランピング施設を作る際には「その土地の集客力」をチェックしてみてくださいね。

落とし穴◉7 インテリアや内装にこだわる

グランピング施設は、インテリアや内装にこだわりましょう。お客様は、グランピングに「非日常感」を求めているからです。1泊あたり2〜3万円もかかるのに、ビジネスホテルのような家具や内装だったら、お客様はどのように感じるでしょうか。

裏切られたと感じ、失望するかもしれません。

「グランピングはキャンプの延長」だと思っている限り、グランピングビジネスは成功しません。1泊あたりの価格は高級ホテル並みのグランピング施設は、インテリアや内装も、高級ホテル並みのグレードにすることが大切です。

デュラクスでは、1棟ごとにテーマを決めて、内装をトータルコーディネートしています。例えば「モダンラグジュアリー」がテーマであれば、ダークブラウンの革張りソファや、光沢のあるビロード素材のシングルソファを配置

します。中央にはシモンズのキングサイズベッド。テーブルは、アルミ素材のシルバーテーブルを組み合わせると、エッジが効いていいかもしれません。照明は、天井からシックなペンダントライトを吊り下げてアクセントに。施設案内は、レトロな雰囲気のトランクボックスに入れておくと、旅の気分が盛り上がります。壁には、モダンアートを飾るのもいいでしょう。高級ホテルの客室には、必ずといっていいほど、魅力的なアートが飾られているものです。アート作品が1枚飾られているだけで、お部屋の雰囲気がグッとラグジュアリーになります。

一方、ドームテントの外には、グランピング施設のシグネチャーになるようなインテリアを設置するのがおすすめです。一言でいえば「インスタ映え」を狙ったインテリアです。

グランピング施設で外せないのが、ファイヤーピット（焚火台）です。ファイヤーピットがあると、アウトドアレジャー気分が盛り上がります。デュラクスはオリジナルのファイヤーピットを製造しており、これがオーナー様や宿泊するお客様からたいへん好評です。ファイヤーピットといえば、バーベキューの鉄板のような見た目のものが多いですが、デュラクスでは、鉄の球体に人、動物、風車、樹木などを切り抜いた「影絵」のようなデザインのファイヤーピットを提供しています。直径が100センチほどあり、インパクトも抜群です。女性のお客様はファイヤーピットの写真を必ずといっていいほど、撮影されています。

海外のリゾート施設にあるような屋外家具を設置するのもおすすめです。デュラクスでは、人工ラタンを使ったソファを提供しています。タマネギのようなフォルムをしており、中は空洞になっています。ソファの入り口だけ丸く切り抜かれており、天蓋つきのベッドのようなプライベート感があります。屋外ソファは、アウトドアリゾート感があるため、ＳＮＳ映えスポットを作りたい場合におすすめのアイテムです。屋外には、定番のハンモックのほかに、ＬＥＤで七色に光るハンギングチェアやバーカウンターなどを設置するのもおすすめです。パーティ気分が盛り上がります。

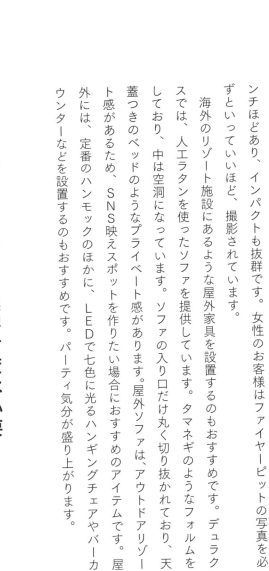

落とし穴◉8 人気沸騰でも集客対策は必要

「グランピングは今、とても人気がある。黙っていても人が来るんでしょ？」

このようなに思われる方がいるかもしれませんが、これは大きな勘違いです。どんなに魅力的な施設でも、集客対策は必要です。とりわけ、SNSを活用した集客対策は必須です。お客様の多くは、インスタグラムなどのSNSを通じて、自分が泊まりたいグランピング施設を探すからです。インスタグラムは、若い方たちの間で「情報収集の手段」として活用されています。インスタグラムは無料で利用できる集客ツールなので、使わない手はありません。積極的に活用していきましょう。

まず**大前提として、シグネチャーになるようなファイヤーピットや屋外インテリアで施設の魅力を高めます。**そのうえで、インテリアや食事、客室などの写真をインスタグラムに投稿して、グランピング施設を探している方

の興味を惹きつけます。

その際、**気をつけてほしいのが「究極の写真しか掲載しない」ということ**です。一目見ただけで「ここに行ってみたい！」と思えるような美しさやユニークさが感じられる写真を投稿しましょう。

近未来感・異世界感のあるドームテント、ハンギングチェアを楽しむお客様の笑顔、一流のシェフが作った彩り豊かなグルメ、等身大の恐竜が大迫力のオブジェ、暗闇でライティングされたテント、満天の星。このような魅力的な写真の数々が、重要な営業ツールになります。写真の撮影は、素人が行ってもなかなか魅力的なものにはなりません。撮影時の天候により写真の色合いがバラバラになってしまうこともあるため、プロのカメラマンに撮影を依頼するのがベストです。魅力的な写真をたくさんアップして、ファンを増やしましょう。

SNSを使った集客では「ハッシュタグキャンペーン」もおすすめです。過去には「#デュラクス」などのハッシュタグをつけて、宿泊中の写真を投稿したお客様に、その場で花火をプレゼントしました。リアルな口コミが増えれば増えるほど、集客において有利に働きます。SNSを使った集客戦略でお客様を集めましょう。

「エアコン（空調設備）」はマスト

グランピング施設を作るにあたって「削らないほうがいい設備」も知っておいて損はないでしょう。それは「エアコン（空調設備）」です。

なかにはエアコンなしのグランピング施設もありますが、お客様の快適性がいちじるしく損なわれてしまうため、当社ではおすすめしていません。ネガティブな評価が蓄積していけば、どんなに立派なホームページを制作しても、お客様から選ばれなくなってしまいます。

防寒対策が必要なグランピング施設は、秋～冬場の稼働率がいちじるしく落ちてしまい、収益性が低くなる点でもマイナスです。年間を通じて稼働率を高めていくうえでも、ホテルと同じような快適性を実現できるグランピング施設を作るのが賢明な選択です。

3種の神器「プール」&「ジャグジー」&「サウナ」

エアコンほどマストではありませんが、「圧倒的な差別化につながる」「大きな魅力づけになる」という観点でおすすめしたいのが、プール、ジャグジー、サウナなどのアウトドアリゾート設備です。

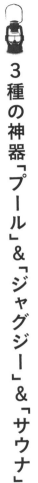

日本の場合、1室ごとにこうした設備が付帯されたホテルや旅館がほぼ存在せず、特別感があるからです。自分たちだけが楽しめるプライベートプールやサウナがあったら、大人も子どももワクワクします。どんなにアクセスの思わしくない場所にあったとしても、海外の高級リゾートのような付帯設備があるだけで、あっという間に「隠れ家アウトドアリゾート」へと大変身できます。

予算が限られる場合には、5棟のうち1棟だけ、シグネチャーとしてプール、ジャグジー付きにしてみるのもよいと思います。SNS映えするグランピング施設にすれば、安定した集客が見込めることでしょう。

まずは、1泊2日の体験会に参加してみてください。グランピングの魅力やおもしろさ、今後の可能性などについて、理解が深まることと思います。

GLAMPING Chapter 6

これからのグランピングの話をしよう

GLAMPING

LET'S GET OUTDOORS!

【Chapter 6-1】

「地の利」を活かすとグランピングビジネスは10倍儲かる

地元からのクレームは珍しくない

私は、15年ほど前から、地方の過疎化問題について、一人であれこれ考えてきました。東京や大阪、福岡などの巨大都市ばかりがクローズアップされがちですが、地方には、その土地でしか出会えない宝物が山ほどあります。地元の方々が大切にしてきた郷土料理、民芸、動植物、伝統芸能。それに、人と人とのたしかな〝つながり〟や〝絆〟があります。しかし、都市への人口集中と、深刻な過疎化によって、その土地ならではの文化が、埋没しつつあります。そんな状況をずっと危惧してきました。

どうしたら、地方ならではの魅力を、多くの人にも伝えられるだろうか――そんなことを考えていたときに、グランピングが地方創生に役立つビジネスなのだということに気づきました。観光名所がない名もなき地方も、グランピングがあるだけで多くの観光客が足を運ぶ魅力的な観光スポットに生まれ変われるからです。このことは、JR上越線の土合駅に作られたグランピング施設「DOAI VILLAGE」ほか、多くのグランピングビジネスの事例を通じて明らかになっています。

しかし、地元の方々に、グランピング施設の建設をご理解いただくのは、なかなかむずかしいことだったりします。**「車の通行量が増えると危ない」「グランピング施設ができると風光明媚な景観が壊される」など、感情的とも捉えられるようなクレームが飛び出すことも少なくありません。**特に、地方であるほど、地元の権力者の声が大きく、周辺に住む地元住民は権力者の声に賛同せざるを得ない状況に陥っているケースが少なくありません。

さて、どうすれば地元の方々に、グランピングが地方創生に役立つ魅力的な装置であることが伝わるでしょうか。**それには、さまざまな考え方があると思いますが、原理原則になるのは「協創」だと、私は考えています。**地元の方々にご協力いただきながら、一緒にグランピング事業を盛り上げていくことを考えるのです。
例えば、グランピング施設で提供する食事に、地元で収穫された野菜や、近隣の漁港で水揚げされた魚介類を使うことが考えられます。地元の方々にとって、自分たちの収益につながることは間違いなく歓迎されるからです。

グランピングの根底に「地方創生」を

実際に、海外の本格的なアウトドアリゾート・グランピングでは、地元の食材を使った創作料理が提供されることが多いです。デュラクスのグランピング施設でも、形状がいびつで出荷できない野菜や、出荷されなかった魚介類を一律料金で買い取る契約を、農家さんや漁師さんと結んでいます。

この買取契約によって、地元の農家さんや漁師さんは、売れ残った野菜の買取先がみつかる点でメリットがあります。グランピングオーナー様は安価に地元の食材を入手できます。双方にとってWin-Winな取り組みなのです。

地元の食材を活用することは、地元の方々の収益になるだけでなく、グランピング施設を訪れた観光客の方々からも歓迎されます。その土地、その旬でしか味わえないグルメを堪能することほど贅沢なことはないからです。

要するに、地場野菜を使ったグルメを提供することは、地元の方々、お客様、グランピング施設のオーナー様の三者にとってメリットのある取り組みだといえます。そのほか、グランピング施設で働くスタッフさんは、地元の方々を採用することで雇用を創造するのも、地方創生の観点で歓迎されるアイデアです。

地元の人々の理解を得るための大前提は「丁寧な対話」です。グランピング事業が、どれだけ地元に利潤をもたらすか。地方が抱えている過疎化の問題を解決するか。それを一から順を追って、一切言葉を濁さず、丁寧に説明することが大切です。**「グランピング事業が地方創生になる」「地元の人々が潤う」ということを理解していただけたとき、非難の声は、あたたかな声援に変わります。**

その土地にグランピング施設があることで、確実に「地元の方々の収入が増える」「雇用が生まれる」。そういったことを、地元の方々にお伝えし、一緒に手を取り合いながら事業を行ってみる。それが、地方創生や魅力的なグランピング事業を創造するうえで、欠かせない視点だと、私は考えています。

子どもたちの未来のために「できること」を考える

私たちのグランピング事業では、地方創生の実現と同じくらい、大切にしていることがあります。それは、持続可能性の追求です。**未来の私たちや子どもたちだけでなく、子どもたちの子孫も、その子どもたちも、幸せに暮らし続けられる地球環境を作らなければなりません。そのために、今を生きる私たちができることに一つでも多く取り組んでいきたい**と、私自身、強く願っています。

２００６年に、地球温暖化をテーマにしたドキュメンタリー映画『不都合な真実』が大きな話題になりましたが、地球温暖化の問題はいまだ解決していません。ＩＰＣＣ（気候変動に関する政府間パネル）は、第5次評価報告書で、２０１２年までの１３０年余りで、地球の平均気温は０・85度も上昇したことを報告しました。これほど急速な勢いで気温が上昇するのは異常事態だといわれています。２１００年には、最大で4・8度も平均気温が上昇する可能性も指摘されています。

地球温暖化だけではありません。化石燃料の枯渇も、地球に住むすべての人々が一緒になって取り組まなければならない重要な課題です。今の状況が続くと、天然ガスや石油は約50年後、石炭やウランは130年後には枯渇するといわれています。

このような事実に触れるなかで、グランピングビジネスにも持続可能性（サステナビリティ）を組み込んでいくことを考えるようになりました。

〝持続可能性〟を実現する意外なアイデア

一つは、竹を燃料にお湯を沸かせる「竹ボイラー」です。竹は成長スピードが速いため、伐採しても、瞬く間に伸びます。こうした特徴がある竹を、湯沸かし機として使うのが、この商品のおもしろいところです。竹は、成長の過程で二酸化炭素を吸収するため、竹を燃焼しても、大気中の二酸化炭素を増やすことはありません。この「カーボンニュートラル」の観点から、竹ボイラーに興味をもちました。ボイラーに数本の枯れ竹をセットすると、10分ほどで60度近くまでお湯の温度が上昇します。炎も煙も漏れださないうえ、灰の除去は月に1回でよいため管理がしやすい点でも魅力的な商品です。

デュラクスの一部のグランピング施設では、お風呂のお湯を温めるボイラーとして、この機器を活用しています。

もう一つが「生ごみのたい肥化」です。コンポスターと呼ばれる専用の容器に、落ち葉、乾いた土、生ごみをスコップでかき混ぜて、日当たりのよい場所に数ヵ月放置しておくと、良質なたい肥を作ることができます。

農業では、1トンの化学肥料を使うのに、760リットルもの原油が必要だといわれています。限りある化石資源の消費を最小限に抑えるうえで、生ごみのたい肥化は、有効な手段の一つなのです。

デュラクスのグランピング施設では**「循環式水洗トイレ」**も採用しています。循環式水洗トイレは、汚物を流す水を、特殊な濾過材によって浄化することで、繰り返し使えるようにした環境負荷の少ないトイレです。水洗トイレを1回利用するたびに、6~8リットルもの水が使われていますが、これを完全にゼロにできるのです。

トイレで汚れた水を、固体と液体に分離させた後、植物由来の濾過材を使って、アンモニアや色素を除去し、きれいになった水は集水槽に貯水されます。トイレの利用ごとに、集水槽に貯められた水が利用されることで、節水が可能になるのです。水資源の保全につながる画期的なアイデア製品です。

グランピングで客層を拡げた「日本一のモグラ駅」

日経トレンディと日経クロストレンドが共同で行っている**「2021年ヒット予測ランキング」**。その年に流行しそうなものをランキング形式で選出する企画です。

この**ランキングで栄えある第1位に選ばれたのは、JR上越線の土合駅に作られたグランピング施設「DOAI VILLAGE」でした。**土合駅は「日本一のモグラ駅」と呼ばれており、駅舎と上り行きのホームは地上にありますが、新潟方面に向かう下りホームは地下70メートルの場所にあります。駅員さんがいない無人駅で、1日あたりの乗降客数が20人程度。赤字といわざるを得ない経営状況であることが想像できます。

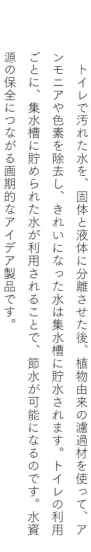

そうしたなかで、ＪＲ東日本によるオープンイノベーション企画「ＪＲ東日本スタートアッププログラム」の一環でスタートしたのが「DOAI VILLAGE」の構想だったのです。このグランピング施設は、土合駅を魅力的な観光地として再生するために設置されました。２０２０年11月にグランドオープンしており、世間の話題をさらっています。

ここでは、ホイップクリームのようなかわいらしい外観のインスタントハウスに宿泊することができます。焚き火スペースやフィンランド式のサウナ、ＢＢＱができる中央広場、駅の事務所と切符売り場を改装したユニークな喫茶店「駅茶《えきっさ》モグラ」、地元アーティストの作品が展示されたギャラリーなど、１日中楽しめる施設が盛りだくさんです。ディナーは、地元・みなかみで採れる谷川茸や雪割茸などがふんだんに使用されたきのこ鍋を楽しむこともできます。

「DOAI VILLAGE」の素晴らしいところは、１日の乗降客数が20人程度の駅が、グランピング施設の設営によって、収益の柱を増やしたところです。鉄道ファンだけが注目する秘境駅を、一般観光客も訪れる観光地にするアイデアは、とても素晴らしいものだと感じました。

このグランピング施設は、1泊あたり大人が2万9000円、子どもが1万9000円なので、決して安宿ではありません。むしろ、都内の高級ホテル並みの料金設定です。それでも、**宿泊客が殺到しているのは「秘境駅×グランピング」という唯一無二のコンセプトが刺さった**からではないでしょうか。無人駅の収益化だけでなく、「地方創生」にもつながる可能性を秘めた好例といえるでしょう。

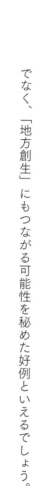

200万人以上が訪れた「道の駅」内に…

遊休地を活用した事例は、ほかにもあります。その一つが「道の駅×グランピング」です。

甲子園球場8個分もの広さを誇る西日本最大級である道の駅にグランピング施設を作る前例のない試みを我々が行いました。グランピング施設名は「ホテル丹後王国 デュラクスアウトドアリゾート 京丹後王国食のみやこ」。2015年のリニューアルオープン以降、200万人以上が訪れている丹後王国「食のみやこ」（京都府京丹後市）内に、２０２１年12月にグランドオープンしたグランピング施設です。

この施設の**魅力は、地元から直送される地場食材を使った料理を存分に楽しめるところ**です。レストラン「山と海 ｗｉｔｈ 日本海牧場」では、京丹後にある牧場から直送された新鮮な牛肉や、地元の農家さんたちが丹精込めて育てた地場野菜を使ったランチやディナーを堪能することができます。一方、野菜の収穫体験や、ヒツジやヤギがいるふれあい動物園でのエサやり体験もあり、アクティビティも充実しています。グランピング施設内には、巨大なティラノサウルスやトリケラトプスが設置されていて、迫力満点。テーマパークのようになっており、恐竜好きのお子さんにも喜ばれています。

私は、道の駅のような場所こそ、グランピングを作るべきだと思っています。なぜならば、グランピング施設は「地方創生」を実現する手段として、比類なきほど優秀なものだからです。

道の駅には、地元の野菜を使った調味料や、地元で収穫されたフルーツを使ったジャムなどがあり、県外の人も多く訪れる人気スポットですが、ドライブのついでに立ち寄るだけになってしまっていることがネックです。立ち寄ったあとは、そのまま別の場所に移動されてしまうため、観光客の方々との接点は意外と少ないのです。せっかく地元の魅力を知っていただく機会なのに、非常にもったいないものでした。こうした現状を変えられるのが、グランピングなのです。グランピングがあれば、宿泊が前提なので、濃く深く、地元の魅力を堪能してもらえるようになります。

道の駅に、アミューズメント性の高い宿泊施設を作れば、その土地ならではの味覚やアクティビティを存分に体験してもらうことができます。その結果、地元のファンを増やすことができます。それが地方創生につながるのです。

「こんなに美味しい食材が豊富だったんだ！」
「自然がいっぱいで楽しい！　また遊びに行きたい」

こんなふうに、一人ひとりのお客様が抱く発見や感動の種が増えていけば、再び足を運んでいただける可能性が高まるでしょう。土合駅の「DOAI VILLAGE」しかり、グランピング施設は「地方創生」の観点を絡めることで、何倍も魅力的でおもしろいものになるのです。

現代によみがえる「クラインガルテン」

私たちが推進しているビジネスモデルの一つに「クラインガルテン・グランピング」があります。

クラインガルテンとは、ドイツ語で「小さな庭」を意味する言葉です。19世紀後半以降のドイツでは、都市の発達によって、都市近郊にある農園の数が減少しました。そうしたなかで、**都市部に住む人々の間で「土に触れたい」「作物を育てたい」という思いが高まっていきました。そこで、野菜を育てたり、土に触れたり、利用者同士の交流ができるようにと作られたのが、クラインガルテンだったのです。**クラインガルテンには、畑や花壇、クラブハウスなどがあり、地域に住む人々の憩いの場（コミュニティ）になっています。日本でも、農業に興味がある人や子どもの食育の一環として「レンタル農園」を利用する人が増えています。これもクラインガルテンの一種といえるかもしれません。

ドイツが発祥のクラインガルテンに着想を得て、私が構想したのが「クラインガルテン・グランピング」です。今までにないこのビジネスモデルには、2つの大きな特徴があります。

農業で「副収入」を得る

クラインガルテン・グランピングの最大の特徴は、「農業で『副収入』を得る」という点です。オーナー様のなかには「グランピングの平均稼働率は50〜60％だが、100％に近くないと不安だ」という方がいます。平日も予約でいっぱいにするのは、人気の高級ホテルでもむずかしいことですが、何とかお力になりたいとの思いで考えたのが「副収入が得られるビジネスモデル」でした。私が注目したのは、農業と昆虫養殖です。とりわけ、これからの時代に求められる持続可能なビジネスがいいと考えました。

まず、農業については「アクアポニックス」という次世代型の循環農法を取り入れます。これは、水耕栽培に魚の養殖を組み合わせたユニークなものです。水を張ったタンクのなかでニジマスやドジョウ、オニテナガエビなどを養殖するのですが、養殖魚たちの出す排泄物はバクテリアに分解されることで、植物の肥料として有効活用できます。

魚のタンクから流れてくる水は、植物が「天然の濾過フィルター」の役割を果たすことで、清潔な水になります。この水は、養殖魚のタンクとして再利用できます。このように、水と排泄物をムダにせず、作物の栽培と魚の養殖ができる点で、持続可能な次世代型の農法だといえます。

さらに魅力的なのが、オーガニック商品として売り出せる点です。アクアポニックスの商品は、農薬・化学肥料・除草剤が一切不要になるため、アメリカのオーガニック認証「USDA」を取得できます。オーガニックスーパーなどに商品を卸せる可能性があるのです。

もちろん、魚も収入源になります。アクアポニックスで、ニジマスを養殖し、東京都中央卸売市場に出荷した場合には、1kgあたり1080円の収入が得られます。ドジョウの場合には1kgあたり2160円の収益です。

クラインガルテン・グランピングは、一言でいえば「次世代型の持続可能なグランピング施設」なのです。

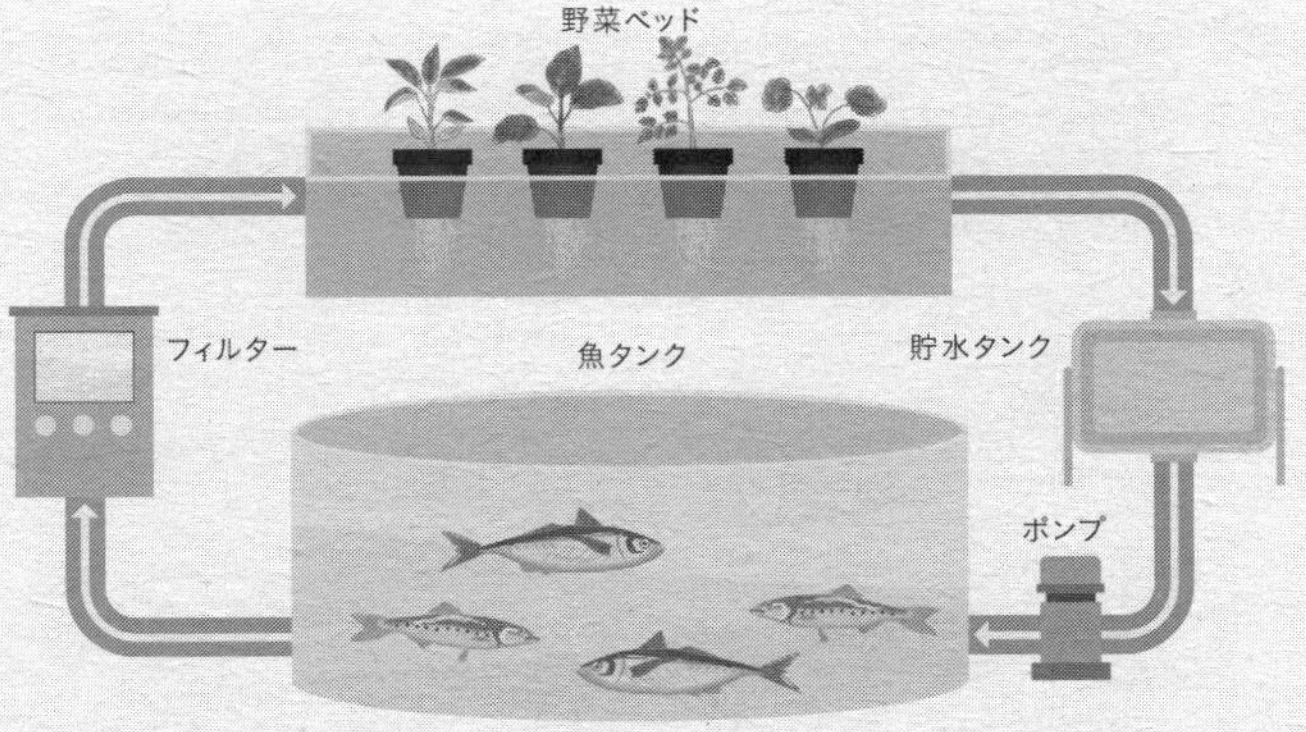

出典：アクアポニックス（さかな畑）とは　https://aquaponics.co.jp/

・・・　アクアポニックスの特徴　・・・

土壌栽培と比較した場合、出荷スピードが2倍

レタスの場合、通常60～90日かかるが、アクアポニックスでは最短25日で収穫可能な80gサイズまで成長する

ハウス栽培なので、天候の影響を受けにくい

市場ニーズに合わせた栽培計画ができるため、食品ロスを最小限に抑えることができる

生産性は水耕栽培の2.6倍以上

5000円の予算があった場合、水耕栽培ではトマトを3株分栽培できる。一方、アクアポニックスでは、トマト8株の栽培に加えて17kg分の魚を養殖できる

初期コストは植物工場の「1/4」

一般的な植物工場は、1000㎡の建屋とLED照明で3億円ほどの初期コストが発生する。ランニングコストも電気代と冷暖房代で月に600～800万円。同じ敷地面積の比較では、初期コストは約1/4、ランニングコストは約1/10で済むため収益性が高い。水耕栽培ながら、水替えが不要なため、土壌栽培と比べて80%以上の節水が可能

アクアポニックスは、魚にエサをあげるだけで作物の栽培と魚の養殖が可能なため、農業未経験者が副業で始めるケースが増えています。私はこのビジネスモデルで、地方の雇用促進や、障がい者の方や高齢者の方々の雇用創出につなげていければいいなと考えています。

使われなくなった「廃校」を活用する

クラインガルテン・グランピングのもう一つ特徴が、使われなくなった小学校や中学校などの「廃校」に、グランピング施設を作るということ。日本では、少子高齢化の影響で、毎年４７０校ほどの学校が廃校になっており、温泉や美術館、老人介護施設、保育園、クリニック、食品工場などに活用されています。そうしたなかで、廃校をグランピング施設に転換するアイデアが出ています。以下は、廃校の跡地をグランピング施設にした事例です。

・BUB CAMP GROUND（バブキャンプグラウンド）（千葉県長生村）
・Glamping & Port 結（ゆい）（静岡県島田市）
・高滝湖グランピングリゾート（千葉県市原市）

廃校を活用するメリットは、補助金制度を活用できる可能性があることです。廃校活用に必要な経費の一部は、国による支援が受けられる場合があるのです。

また、家賃が格安である点も大きな魅力です。学校といえば、大きな校舎、体育館、広大なグラウンドがありますが、それらを全部借りても、月額5～10万円ほどです。信じられないほどの低価格で、広大な土地を借用できるのは、経営者にとって非常に嬉しいポイントですね。

クラインガルテン・グランピングの第一弾として、京都府京丹後市に「デュラクスアウトドアリゾート京丹後久美浜廃校ＳＴＵＤＩＯ」が２０２３年にオープン予定です。興味がある方は、ぜひ立ち寄ってみてください。

「パークＰＦＩ」――公園にグランピング施設を作る！

グランピングは公園に作ることもできます。そのヒントは「パークＰＦＩ（公募設置管理制度）」です。これは、公園の魅力や利便性を向上させるために、民間事業者による事業アイデアを公募するものです。大きな公園に、カフェや売店があるのを見かけたことはないでしょうか。これらは、パークＰＦＩの公募で採択された民間の事業者が運営している事業なのです。昨今では、キャンプ場やグランピング施設の設置が検討されるケースが増えています。

パークＰＦＩについて知っている人はそれほど多くありませんが、グランピングビジネスとは非常に相性がいい制度です。

パークＰＦＩを活用する最大のメリットは「集客が容易になること」です。仮に、年間10万人くらい訪れる公園にグランピング施設を設置した場合。10万人のうち、たった１％の人しかグランピング施設を利用しなかったとしても、年間で１０００人ものお客様を獲得することができます。顧客単価が２万円であれば、年間で２０００万円もの売上を得ることができます。公園に渡すマージンや家賃、販管費などが引かれますが、それほど大きな経費にはならないはずです。パークPFIを活用すれば、グランピング施設を所有しているだけで、数百万円単位の家賃収入が得られるようになります。

「地の利」が大きな土地を活用して、集客の負担を大幅に減らし、収益を増やす。こうした経営方法は、グランピング経営における一つのビジネスモデルになるだろうと思います。

例えば、滋賀県にある琵琶湖周辺は、「みどりとみずべの将来ビジョン」という開発計画が策定されています。琵琶湖の水際から200mの琵琶湖周辺を対象に、自然環境や景観を守ることを大前提にしつつ、琵琶湖に多くの人が訪れるような場所にする計画が進められています。

この計画では、琵琶湖周辺の自然環境や歴史・文化的景観を守る「①保全エリア」、湖岸の風景を楽しむ「②利用エリア」、民間企業との連携で集客施設を整備する「③活用エリア」の3エリアが作られる予定です。とりわけ「③活用エリア」は、カフェ、レストラン、ホテル、道の駅に加えて、グランピング施設の設置も検討されているようです。

「背後地に農地が広がる自然公園区域においては、豊かな自然環境を活かしたキャンプ場やキャンプ場に併設するバーベキュー施設等が考えられる。また、快適さを兼ね備えた新しい体験型旅行として、近年人気を博しているグランピングの整備等も考えられる。」

出典：滋賀県「みどりとみずべの将来ビジョン　概要版」

公募の際には、グランピングが人気を集めていることや、集客が見込める魅力的なコンセプトのグランピング施設であることを、データ等を用いながらアピールできれば、選出される可能性が高まります。

加えて、もう一つ重要なポイントがあります。それは「サステナビリティ（持続可能性）」に関する説明をしっかりと行うことです。昨今では、石油資源の枯渇や地球温暖化など、グローバル規模の環境問題の解決が急がれています。SDGsの観点から、**二酸化炭素の削減や省資源化に貢献できる事業であることをお伝えすることで、事業の存在意義をしっかりと理解してもらうことができます。**

実際に「みどりとみずべの将来ビジョン」には「施設・事業展開にあたっての留意事項」の項目で「『経済』『社会』『環境』のバランスを図る統合的な取組であるSDGsの視点を活かす」ことを求めると明記されています。事業概要を説明する際には、持続可能性の観点も、触れるようにしましょう。

【Chapter 6-2】

グランピングの新定番を作るのはあなたたかもしれない

次なる一手は「ペットと一緒に楽しめる」グランピング

多くのグランピング事業者は、インスタグラムなどのSNSを使って集客することを懸命に考えています。この戦略そのものは、決して間違ったものではありません。私たちも、トレンドに敏感な若者たちやファミリー層の心をつかむためにインスタグラムを活用しています。

しかし、グランピングビジネスを行っていくうえでは、もう一つ行いたいことがあります。それは「ターゲットの開拓」です。**子ども連れのファミリー、トレンドに敏**

感な若い女性、カップル以外の方々にも、グランピングのユーザーを増やすことを考えることが大切です。

限られたパイを奪い合うのではなく、自分たちでお客様のなかに眠っている潜在ニーズを発掘し、新しいマーケットを創造する。こうした観点が、事業の成長には欠かせません。とりわけ、グランピング事業では「感動価値創造」をベースに「どうしたらお客様が喜んでくれるだろうか」について、毎日毎日、考え続けています。

一つのアイデアは、ペットと一緒に宿泊できる施設にすることです。2020年1月現在、日本には5万2000軒もの宿泊施設がありますが、ペットと一緒に泊まれる宿泊施設は2000軒ほどしかありません。割合にして、たったの3.8％程度です。その一方で、犬を飼育している世帯数は565万6000世帯（飼育頭数は710万6000頭）、猫を飼育している世帯数は517万2000世帯（飼育頭数は894万6000頭）に達しています。旅行に行く場合、ペットホテルにペットを預けるのが主流ですが、潜在的には「ペットと一緒に旅行に行きたい」というニーズがあるのではないかと考えています。

そうしたなかで、デュラクスでも、ペットと一緒に宿泊できるグランピング施設を増やしていく予定です。検討しているのは、１棟あたりの専有面積が１５０㎡のグランピング施設です。プライベート空間のなかで、ワンちゃんが思う存分走り回れます。デュラクスは、ペット市場にアプローチすることで、オーナー様の利益を最大化したいと考えています。

「グランピング・ウェディング」で感動は2倍になる

ペット業界に加えてもう一つ、注目している市場があります。それは「ブライダル業界」です。ホテルや結婚式場に次ぐ第３の選択肢として、グランピング施設で結婚式を行う「グランピング・ウェディング」を提供しています。

ウェディング市場の傾向としては、家族・友人・仕事関係も招く大規模なものではなく、ごく近しい親族や限られた友人だけを招く「ジミ婚」が主流になっています。入籍しても結婚式を挙げない「ナシ婚」を選ぶカップルも増えており、２０１９年時点で、48・９％にも達しているそうです（ブライダル総研 結婚総合意識調査

2019）。

なぜ、ナシ婚を選ぶ人が増えているのでしょうか。その理由について聞いたアンケートでは、「資金不足」を挙げているカップルが50％以上に達していることがわかっています。

本当は結婚式を挙げたいけれど、手持ちの資金が足りない。これがナシ婚が選ばれている最大の理由だったのです。もちろん「たくさんの人にお祝いされるのが恥ずかしい」「挙式費用をハネムーンに回したい」などの理由を挙げるカップルもいるでしょう。とはいえ、資金不足がハードルになっているのは、カップルにとって、歯がゆいものではないでしょうか。

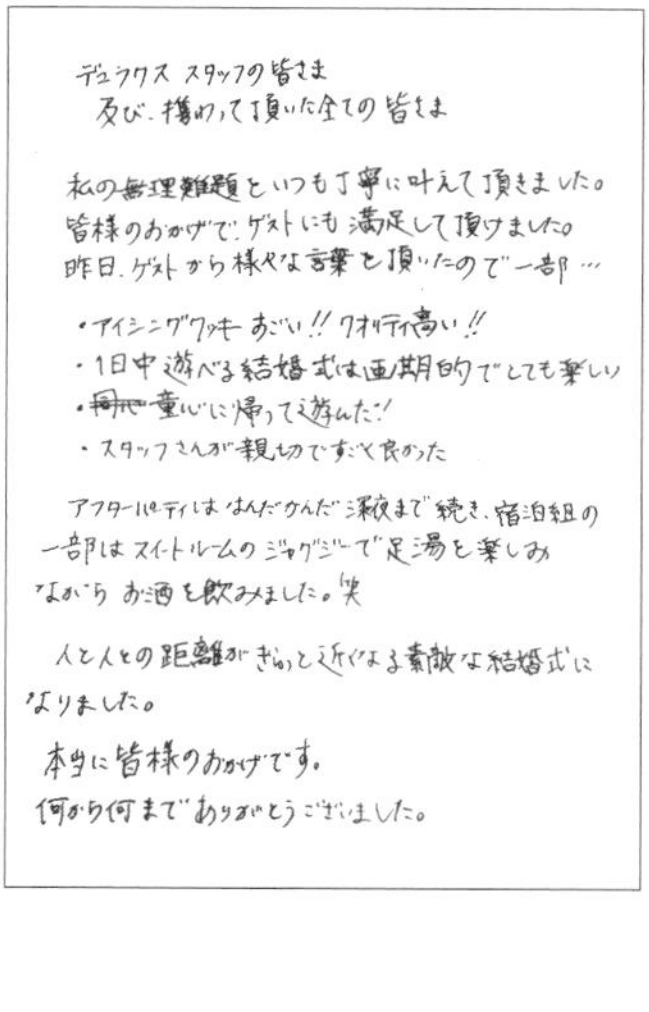

デュラクス スタッフの皆さま
及び、携わって頂いた全ての皆さま

私の無理難題をいつも丁寧に叶えて頂きました。
皆様のおかげで、ゲストにも満足して頂けました。
昨日、ゲストから様々な言葉を頂いたので一部…

・アイシングクッキーすごい!! クオリティ高い!!
・1日中遊べる結婚式は画期的でとても楽しい
・~~同心~~ 童心に帰って遊んだ!
・スタッフさんが親切ですごく良かった

アフターパーティはなんだかんだ深夜まで続き、宿泊組の一部はスイートルームのジャグジーで足湯を楽しみながらお酒を飲みました。笑

人と人との距離がぎゅっと近くなる素敵な結婚式になりました。

本当に皆様のおかげです。
何から何までありがとうございました。

そうしたなかで考えたのが、**50万円以下の低価格で、挙式と披露宴が行える「グランピング・ウェディング」です。グランピング施設を貸し切りにして、新郎新婦とゲストだけのプライベート空間で、思いっきり結婚式を楽しむのが最大の特徴**です。

グランピング施設は海や山の近くにあるため、一般的な結婚式場では味わえないような開放感があります。シャボン玉や炎、スモークを使った豪華な演出もできます。非日常的な写真をたくさん残せるのも、グランピング・ウェディングならではの魅力です。

リクルートが行った「国内リゾート挙式の実施内容や検討イメージ」に関する調査（ゼクシィトレンド調査２０２０）では、次に挙げる項目がトップ５に挙げられています。グランピング・ウェディングは、リゾートウェディングに求められる要素をすべて満たしています。

海や山に囲まれている（59・6％）
非日常が味わえる（52・2％）
素敵な挙式会場がある（47・8％）

好きな場所や憧れの場所で行う（41・4％）
絵になる写真が撮れる（34・5％）

ブライダル市場へのアプローチは、グランピング事業の収益性を向上させるための戦略です。グランピングの平均利用客は3・5人で、稼働率は50％と、ホテル・旅館よりも高水準ですが、これらの数値をもっと上げられないかと考えたのです。資金不足やコロナ禍を捉えたウェディングプランを作れば、1度の予約で50万円ほどの収益が得られます。

プランとしては、身内だけを招待する「家族婚」や、挙式や披露宴を行わず、写真撮影だけ行う「フォトウェディング」、夕方から夜にかけて開催する「ナイトウェディング」など、幅広いニーズを捉えたウェディングサービスを展開していけたらと考えています。

今、デュラクス アウトドアリゾートでは結婚式を開催しています。結婚式をしていただいた方から、こんなお手紙をいただいて感動しました。この感動をお客様にお返しする意味でも、これからも続けていきたいと思っています。

LGBTウェディングに寄せられた声

ウェディング事業の一環で、去年スタートしたのが「LGBTウェディング」です。LGBTの方々が、周りの目を気にせず、思いっきり楽しめる結婚式場があったら喜ばれるのではないか——そんな思いから、LGBTの方々向けのウェディング事業を始めました（LGBTとは、レズビアン、ゲイ、バイセクシャル、トランスジェンダーの頭文字を合わせた言葉で、性的マイノリティの方々の総称です）。**LGBTに該当する人は、日本に8%ほど存在するといわれていますが、結婚式を行えるような環境はあまり整備されていないのが現状**です。

去年は、数組のLGBTカップルの皆さんがモニターとして「デュラクスアウトドアリゾート京丹後久美浜LABO」で式を挙げてくださいました。カップルの皆さんからは、たくさんの喜びの声をいただきました。

「スタッフの皆さんが温かく見守ってくれた。私たちの気持ちや身体に合わせた対応

をしてくださったのが、本当に嬉しかった」

「スタッフさんがみなさん『おめでとうございます！』と声をかけてくださった。婚姻届を出せなくても『おめでとう』って言ってもらえるんだって感動した」

「1番の夢だったお姫様抱っこをしてもらえたのが、嬉しかった。海辺での撮影や、ケーキカットが楽しかった」

「夢にみることさえ諦めていたことが現実になった瞬間だった。こんなに綺麗なドレスを着られるなんて…。レズビアンで良かった！」

「友人のみを集めた披露宴でしたが、とても思い出に残る感動的な宴になった。今後、同性婚が認められたら、改めて親族を呼んで結婚式をしたい」

「都内のウェディング撮影では味わえない自然の中での撮影を体験でき、とても楽しかった！　自然もあり、クラブのような雰囲気もあり、恐竜あり!!　興味をそそるものがたくさんあった」

「一番感動したのは、一般的なタキシードやドレスではなく、私たちに合った衣装を用意してくださったこと。一生のうちで何度も体験できない『記憶に残る素敵な式』になると思う」

「グランピングだからこそ、自然体で自分の個性を出せる。素晴らしいと思った」

「団体のお客様を取り込む」という観点で、グランピング施設を「企業研修」や「幹部合宿」に使える魅力的な施設としてアピールすることも考えています。ベネフィット・ワンや、リロクラブなどが展開する福利厚生代行サービスに組み込むことで、稼働率を高める取り組みもいいかもしれません。こうした団体客の取り込みにより、平均3・5人にとどまっているグランピング施設の顧客人数を平均5人にできればと考えています。

原動力は「自分ならきっと変えられる！」という想い

冒頭でお伝えした通り、私がデュラクスを立ち上げたのは、日本のグランピング施設をみて「かっこ悪いな」と思ったことがきっかけでした。自分だったら、もっとかっこよくて、心からワクワクドキドキできるグランピングを作れるはずだ。スリランカで体験したような本物のアウトドアリゾートを日本に作って、みんなに喜んでもらいたい。このような想いが、日本初の最高級グランピングブランドを作るモチベーションになったのです。

思い返せば、新しい事業を始めるときは、いつでも「自分ならきっと変えられる！」という想いに突き動かされてきました。 最初は、18歳でシングルハンガー（洋服をかけるために用いる「吊り下げ型の整理具」）を製造・レンタルする会社を立ち上げたときのこと。

納品先のホテルで開催されているブライダルフェアを見た私は、少なからずショックを受けました。

表面上は、とてもきれいで華やかな展示でしたが、展示用のパネルは終了後に解体してゴミになるからか、釘やビス、のり、両面テープなどで適当に留められていたからです。しかも展示終了後に解体処理されたパネルは、ゴミの山のようにうず高く積みあがっていました。片づけるのも一苦労です。

「自分なら、きっと変えられる！」

そう考えた私は、磁石を使って設置できるシステムパネルを開発しました。このアイデア製品は、ウェディング業界の方々にたいへん喜ばれました。製品が採用された結果、ディスプレイの設営スタッフの人数が10人から4人になり、解体時のゴミもゼロになりました。

もっとも喜ばれたのは、ディスプレイの施

工にかかる予算の使い道が180度変わったことです。1回の施工で200万円かかるブライダルフェアを年に5回行えば、1000万円かかります。その一方で、私が開発したシステムパネルならば、人件費や解体処理の手間が大幅に減るため、展示会のクリエイティビティの向上に投資できるようになったのです。

システムパネルの着想は、展示ブースのプロデュース事業にも活かされています。私たちが開発したシステムブース「凄いブース」は、誰でも簡単に組み立てられて、小さく折りたためるうえ、持ち運びが簡単で何回でも使いまわせます。おまけにゴミが一切出ません。利便性・経済性が高く、環境負荷の少ない展示方法であることが口コミで話題となり、釣り道具の展示会では、会場のほとんどが私たちのシステムブースだったこともありました。今では、あらゆる業界のお客様から、お問い合わせをいただいています。「自分なら展示会プロデュースを変えられる!」と思ったことから、業界標準を作った瞬間でした。

「自分ならきっと変えられる!」は、コロナ禍の2020年にもありました。

皆さんもご存知の通り、商業施設や病院に入る際には、アルコール消毒に加えて検温の実施も求められるケースが少なくありません。私は、スタッフが一人ひとりのお客様のおでこに検温器を当てつつ、アルコール消毒もしなければならない状況に、大きな違和感を覚えました。検温も消毒も一度にできたら、スムーズなのに――そんなことを思ったのです。このときも「自分ならこの状況をきっと変えられる!」と思いました。

そこで誕生したのが、1秒で検温できるサーモカメラと自動消毒液噴霧器が一体になったディスプレイスタンド「Smart checker(スマートチェッカー)」です。この商品があれば、建物への出入りが圧倒的にスムーズになります。

ブライダルシェアのシステムパネル、展示会のシステムブース、検温消毒器――世の中になかった新しい発想の商品は、すべて「自分ならきっと変えられる!」という想いから生まれたものでした。

そして今、私が天変地異を起こしたいと思っているのは、グランピング業界です。「高級アウトドアリゾート」と表現できるようなグランピング施設「アウトドアリゾート・グランピング」を2025年までに全国に50施設作る。そして、2025年には、日本を世界中の人々が憧れるリゾート大国にする。これが、私が胸に抱いている野望です。

あとがき

グランピングであなたの人生に「感動の瞬間」を増やそう

ここまで本書をお読みくださり、誠にありがとうございました。「グランピングとは何か？」に始まり、グランピングビジネスで押さえるべきポイントや「これからの時代に求められるグランピングとは何か」といったことまで、余すことなくお伝えできたのではないかと思います。

２０１７年にグランピングブランド・デュラクスを立ち上げてから、私のなかには、一貫して通底するテーマがあります。それは「驚きと感動」をお客様に与えることです。例えるならば、グランピング施設を、ワクワクとドキドキがたくさん詰まったテーマパークのような場所にするということです。

老若男女問わずどんな人も、テーマパークに一歩足を踏み入れると、日常の喧騒を忘れて、その世界の〝住人〟になります。取引先との揉め事も、ギクシャクした人間関係も、何度も思い出されるつらい記憶も――その世界にいる間は、忘れ去ることができます。まさに魔法にかかったかのように、です。

これからも、グランピングに訪れてくださるすべてのお客様が童心に帰り、ワクワクとドキドキの感動を味わい尽くせるようなグランピング施設を作っていくのが、一生をかけて追いかけていきたい私の〝夢〟です。

私は15年以上、ブログを続けているのですが、そのなかで無意識に繰り返してしまう口癖が一つあります。それは「人生、想ったようにしかならない」です。つまり、ビジョンを想い描かないと、自分が満足のいくような人生を歩むことができないということです。18歳で創業したときは、シングルハンガーなどの什器を納品する下請けの事業者でした。そのときから「自分ならきっと変えられる！」と想い続けて、展示会のプロデュース事業やグランピング事業に飛び込み、さまざまな〝業界初〟を次々と生み出してきました。

「自分の人生はこんなもんだ」と諦めていれば、今とまったく違う世界で、鈍色《にびいろ》の毎日を過ごしていたかもしれません。

生きていくためにお金を稼ぐのは、とても大切なことです。しかし、それだけを人生の目的にしたくない。それが私の本音です。

人生、想ったようにしかならない――ひるがえっていえば、人生は、自分の想い一つで、いくらでも変えられます。人生100年時代、あなたの人生はまだまだ始まったばかりです。私だって、ほんの折り返し地点に立ったばかりです。

ほとんど何も描かれていない真っ白なキャンバスがあったら…、あなたは何を描きますか？

本書でお伝えした通り、グランピングビジネスの可能性は無限大です。業種・業態・事業規模問わず、あらゆる人々が、グランピングでご自身の夢や憧れをかたちにしています。本書との出会いが、あなたの輝かしい未来を築く一助となりましたら、これ以上に嬉しいことはありません。

LET'S GET OUTDOORS!
GLAMPING

前田雄一（まえだ ゆういち）

1972年3月、滋賀県長浜市生まれ。京都在住。18歳で滋賀ディスプレイを創業後、2001年に有限会社ゼンシン（現・株式会社ゼンシン）を設立。2017年にグランピングツールブランド deluxs.（デュラクス）を発表。グランピング施設の企画・開発を行うほか、販売・運営管理機能に特化したデュラクスジャパン株式会社を立ち上げ現在に至る。趣味は仕事と怪魚釣り。

【NOTE】 https://note.com/zensin7
【Instagram】 https://www.instagram.com/maeda_yuichi/

BOOK STAFF

出版プロデュース　（株）天才工場　吉田浩
編集協力　潮田洋介、成川さやか
校正　大木孝之

AD　山口喜秀（Q.design）
カバーデザイン　別府 拓（Q.design）
DTP　G.B. Design House

営業　峯尾良久、長谷川みを（G.B.）

遊び心に投資する グランピング オーナー生活

初版発行　2023年1月28日

著者　前田雄一

編集発行人　坂尾昌昭
発行所　株式会社 G.B.
〒102-0072 東京都千代田区飯田橋 4-1-5
電話　03-3221-8013（営業・編集）
FAX　03-3221-8814（ご注文）
URL　https://www.gbnet.co.jp
印刷所　株式会社シナノパブリッシングプレス

ISBN 978-4-910428-25-3